FOGÃO LENTO

Novas E Deliciosas Receitas Para Crockpots

(Comidas Deliciosas Y Deliciosas Para Tu Crockpot)

Jon Canty

Traduzido por Daniel Heath

Jon Canty

Fogão lento: Novas E Deliciosas Receitas Para Crockpots (Comidas Deliciosas Y Deliciosas Para Tu Crockpot)

ISBN 978-1-989837-92-4

Termos e Condições

De modo nenhum é permitido reproduzir, duplicar ou até mesmo transmitir qualquer parte deste documento em meios eletrônicos ou impressos. A gravação desta publicação é estritamente proibida e qualquer armazenamento deste documento não é permitido, a menos que haja permissão por escrito do editor. Todos os direitos são reservados.

As informações fornecidas neste documento são declaradas verdadeiras e consistentes, na medida em que qualquer responsabilidade, em termos de desatenção ou de outra forma, por qualquer uso ou abuso de quaisquer políticas, processos ou instruções contidas, é de responsabilidade exclusiva e pessoal do leitor destinatário. Sob nenhuma circunstância qualquer, responsabilidade legal ou culpa será imposta ao editor por qualquer reparação, dano ou perda monetária devida às informações aqui contidas, direta ou indiretamente. Os respectivos autores são proprietários de todos os direitos autorais não detidos pelo editor.

Aviso Legal:

Este livro é protegido por direitos autorais. Ele é designado exclusivamente para uso pessoal. Você não pode alterar, distribuir, vender, usar, citar ou parafrasear qualquer parte ou o conteúdo deste ebook sem o consentimento do autor ou proprietário dos direitos autorais. Ações legais poderão ser tomadas caso isso seja violado.

Termos de Responsabilidade:

Observe também que as informações contidas neste documento são apenas para fins educacionais e de entretenimento. Todo esforço foi feito para fornecer informações completas precisas, atualizadas e confiáveis. Nenhuma garantia de qualquer tipo é expressa ou mesmo implícita. Os leitores reconhecem que o autor não está envolvido na prestação de aconselhamento jurídico, financeiro, médico ou profissional.

Ao ler este documento, o leitor concorda que sob nenhuma circunstância somos responsáveis por quaisquer perdas, diretas ou indiretas, que venham a ocorrer como resultado do uso de informações contidas neste documento, incluindo, mas não limitado a, erros, omissões, ou imprecisões.

Índice

Parte 1 1

Sopas Na Slowcooker 4

Sopa De Frango Mediterrânea 4

MODO DE FAZER: 5

Frango Marroquino E Sopa De Abóbora 5

Sopa De Frango De Fazenda Estilo Francês Na Slowcooker . 6

Sopa De Frango Com Vegetais 8

Ensopado De Milho Na Slowcooker 9

Sopa Italiana De Casamento............................... 10

Sopa De Lentilha E Carne 12

Sopa De Carne E Grão-De-Bico........................... 13

Sopa De Almôndega Italiana 15

Sopa De Carne Búlgara 16

Sopa De Cordeiro.. 18

Sopa De Cordeiro E Legumes 19

Sopa Cremosa De Abobrinha.............................. 20

Sopa No Estilo Toscano Na Slowcooker 21

Sopa De Abóbora E Pimentão 23

Sopa De Abóbora Marroquina 23

Sopa De Espinafre, Alho-Poró E Quinoa............. 25

Sopa De Quinoa, Feijão Branco E Couve 26

Sopa De Grão De Bico Mediterrânea 27

Sopa Francesa De Legumes 28
Sopa De Lentilha Marroquina 29
Reconfortante Sopa De Ervilha Rachada 31
Sopa Grossa De Vegetais E Macarrão 32
Sopa De Jardim De Verão Na Slowcooker 33
Sopa De Tomate Com Manjericão Na Panela De Barro 34
Sopa De Couve-Flor Comqueijo 35
Sopa De Alcachofra Cremosa 36
Sopa De Alcachofra Com Tomate 37
Pratos Principais Na Slowcooker 38
Ensopado De Frango Mediterrâneo 38
Ervas, Frango E Legumes Na Slowcooker 39
Frango E Cebola Na Panela De Barro 41
Coxinhas De Frango Mediterrâneo Na Panela De Barro 42
Coxinhas De Frango E Alho-Poróna Panela De Barro 43
Ensopado De Frango Grego Na Slowcooker 44
Frango Inteiro Com Sumagre 45
Frango Com Amêndoas E Ameixas 46
Tagine De Frango Marroquino Cozido Lentamente 47
Moussaka De Frango Na Slowcooker 49
Frango À Portuguesa 51
Frango Com Tomate E Alcachofra Lentamente Cozido 52
Frango Fácil Parmigiana 54
Peru Mediterrâneo Na Slowcooker 55
Ensopado De Frutos Do Mar Mediterrâneo 56

Salmão Mediterrâneo Na Slowcooker 57

Cordeiro Com Molho De Vinho Tinto Cozido Lentamente . 58

Cordeiro Mediterrâneo Cozido Lentamente 59

Cordeiro Cozido Lentamente Com Limão, Endro E Queijo Feta 60

Cordeiro Lentamente Cozido E Cuscuz De Damasco 61

Tagine Fácil De Cordeiro E Abóbora Manteiga 63

Guisado De Cordeiro, Espinafre E Grão De Bico 64

Carne Moída, Quinoae Couve De Bruxelas 66

Ensopado De Carne Italiano 67

Ensopado De Carne Com Marmelo 68

Cuscuz De Carne Cozida Lentamente 69

Carne Fácil Na Panela De Barro 71

Ensopado De Carne E Abóbora 72

Carne E Vegetais De Raiz Na Panela De Barro 73

Carne E Grão-De-Bico Na Panela De Barro 74

Guisado De Carne Com Repolho 75

Misto De Legumes Com Carne 76

Pimentão Recheado Com Arroz Ecarne Moída 78

Tomates Recheados Com Bulgur E Carne Moída 79

Folhas De Repolho Recheado Com Carne Moída E Arroz .. 81

Almôndegas Em Molho De Tomate 82

Bolo De Carne Com Legumes 84

Bolo De Carne Mediterrâneo 85

Moussaka De Batata 86

Moussakade Beringela 88

Moussaka De Abobrinha 91

Lasanha Na Panela De Barro 92

Lasanha De Carne E Espinafre 94

Bolonhesa Mediterrânea 96

Ensopado De Linguiça E Berinjela 97

Linguiça De Peru E Lentilha 99

Assado De Panela Lentamente Cozido 100

Ensopado De Porco Mediterrâneo 101

Ensopado De Porco Marroquino 102

Porco Assado Com Repolho 103

Costeletas De Porco Laranja 104

Suculentas Costeletas De Porco 105

Porco E Cogumelo Na Panela De Barro 107

Guisado De Berinjela E Grão De Bico 108

Berinjela E Tomate Na Panela De Barro 109

Ensopado Mediterrâneo Na Slowcooker 110

Pimentão Recheado Com Arroz 112

Pimentão Recheado Com Feijão 113

Folhas De Videira Recheadas 114

Folhas De Repolho Recheadas 116

Pilaf De Quinoa Vegetal 118

Café Da Manhã E Sobremesas Na Slowcooker 119

Café Da Manhã Caramelizado Com Maçã E Quinoana Slowcooker 119

Pão De Banana Com Aveia 120

Omelete De Legumes Mediterrâneos 121

Omelete Mediterrânea Com Erva-Doce, Azeitonas E Endro 123

Omelete Com Espinafre, Pimenta Assada E Feta Na Slowcooker 124

Maçãs Comcanela Na Slowcooker.................................. 125

Arroz Doce Na Slowcooker 127

Parte 2 128

Instruções 129

MENOS INDIGESTÃO E MELHOR CAPACIDADE DE METABOLIZAR OS ALIMENTOS 131
MELHOR SONO 131
MAIS FELICIDADE E TRANQUILIDADE 132

Couve E Alho-Poró 133

Caçarola De Cogumelo E Carne Apimentada 134

Carne Enrolada 136

Comida Integral, Sem Aveia 139

Maçãs Recheadas Com Figos... 140

Fricassê De Batata Doce 142

Café Da Manhã Do Sul Da Fronteira Mexicana 144

Sopa De Frango Couve E Vegetais 146

Sopa De Maçã Abobora De Pescoço 147

Sopa Vegetariana De Açafrão 149

Chili Claro De Batata Doce Apimentada 150

Sopa Vegetariana Macaco Robusto............................... 152

Bacon De Peru E Sopa De Batata Doce............................ 153

Sopa De Salmão E Alho-Poró... 155

Sopa Tailandesa Com Peru E Abobora De Pescoço 157

Chili Com Batata Doce 158

Ensopado De Porco Com Cury E Leite De Coco 160

Frango Verde Mexicano 163

Frango Amanteigado 164

Cury De Frango 166

Frango Com Limão E Tomilho.. 167

Churrasco De Frango Com Toque De Pêssego 168

Frango Cozido Com Limão E Coentro 171

Frango Grego... 172

Frango Com Manga E Batata Doce 174

Frango Com Alho E Erva-Cidreira 176

Peru Ao Molho Bolonhesa... 178

Almondega De Peru... 180

Carne Turca Shawarma 182

Strogonoff Alemão 183

Pimentão Recheado 185

Carne Barbecue 187

Carne Teriyaki.. 189

Almondegas Integral 191

Parte 1

O que temos para o jantar! - 101 Jantares de família na SlowCooker (panela de cozimento lento) - Passe mais tempo curtindo sua refeição e

menos tempo preparando-a

Vivemos em uma época em que todos estão constantemente em movimento e colocar uma refeição caseira sobre a mesa durante uma semana agitada é incrivelmente desafiador. Mas não importa o quão agitado é o seu dia, é importante que você tire um momento e desfrute de uma boa e saudável refeição. Porque, embora possa haver mais de uma maneira correta de comer, os cientistas concordam em uma coisa: quanto mais real, natural, não processado você consumir, melhor.

Embora possa parecer difícil cozinhar alimentos saudáveis em casa, depois de experimentar algumas das minhas deliciosas refeições de cozimento lento, você logo perceberá que pode produzir um nutritivo jantar saudável em pouco tempo. Todas as minhas receitas inspiradas na dieta mediterrânea são super fáceis de jogar juntas na slowcooker pela manhã. Você só precisa preenchê-la, ligá-la e voltar para casa para uma dessas refeições acolhedoras e reconfortantes do Mediterrâneo que vão aquecer sua alma e nutrir seu corpo!

Ideias de jantar durante a semana são difíceis de encontrar. Para mim, preparar deliciosas refeições na slowcooker é a maneira mais fácil e livre de estresse de cozinhar alimentos saudáveis, mas surpreendentemente saborosos para a família. Minhas receitas mediterrâneas usam ingredientes simples que você provavelmente já tem em seu freezer, geladeira e despensa. Eles não exigem técnicas complicadas de cozinhar e são simplesmente a melhor solução para famílias em ritmo acelerado que querem refeições saborosas e saudáveis. No final de um dia atarefado, uma deliciosa refeição cozinhada lentamente é a resposta perfeita para a pergunta 'O que temos para o jantar?'

Sopas na SlowCooker

Sopa de Frango Mediterrânea

Serve 6-7

Ingredientes:

Cerca de900gde peito de frango

3-4 cenouras picadas

2 talos de aipo, aparados, cortados ao meio em fatias finas

1 cebola roxa picada

1/3 xícara de arroz

6 xícaras de água

10 azeitonas pretas, sem caroço e cortadas ao meio

1 folha de louro

1/2 colher de chá de sal

Pimenta do reino moída a gosto

Suco de limão, para cobrir

Salsa ou coentro fresco, para servir

Modo de Fazer:

Adicione todos os ingredientes na slowcooker e misture bem. Cozinhe em fogo baixo por 6 a 8 horas, ou até que o frango esteja cozido e as cenouras e o arroz estejam macios.

Retire o frango da slowcooker e deixe esfriar um pouco. Retalhe em tiras e devolva de volta para a sopa. Sirva sopa com suco de limão e polvilhe com salsa fresca ou coentro.

Frango Marroquino e Sopa de Abóbora
Serve 5-6

Ingredientes:

4 coxas de frango sem pele e sem osso, cortadas em pedaços pequenos

1 cebola grande picada

1 abobrinha, cortada longitudinalmente e fatiada em pedaços de 1,2 cm

3 xícaras de abóbora descascada, cortadas em pedaços de 1,2 cm

2 colheres de sopa de tomate diluído em 5 xícaras de caldo de galinha

1/2 colher de chá de cominho

1/4 colher de chá de canela em pó

1 colher de chá de páprica

1 colher de chá sal

4-5 folhas de manjericão picadas

1 colher de chá de casca de laranjada ralada

Modo de Fazer:

Coloque o frango, legumes e especiarias na slowcooker. Despeje o caldo de galinha e misture.

Tampe e cozinhe em fogo baixo por 8-9 horas ou até que o frango esteja cozido e a abóbora esteja macia.

Sopa de Frango de Fazenda Estilo Francês na SlowCooker

Serve 5-6

Ingredientes:

4 coxas de frango sem pele e sem osso, cortadas em pedaços pequenos

1 alho-poró cortados ao meio, em fatias finas

1 talos de aipo, aparados, cortados ao meio em fatias finas

2 cenouras picadas

1 bulbo de erva-doce cortado em cubos

1 xícara de ervilhas congeladas

4 xícaras de caldo de galinha

2 colheres de sopa azeite

1 colher de chá de tomilho

1 colher de chá de sal

Modo de Fazer:

Aqueça o óleo em uma frigideira antiaderente em fogo médio-alto. Adicione o frango e cozinhe, virando, por 3-4 minutos ou até dourar todo. Transfira paraslowcooker.

Adicione todos os outros ingredientes àslowcooker. Adicione o caldo de galinha.

Tampe e cozinhe em fogo baixo por 6-7 horas.

Sopa de Frango com Vegetais

Serve 6-7

Ingredientes:

900g coxas de frango desossadas, cortadas em pedaços

1 cebola pequena picada

1 talo de aipo picado

1/2 pequena pastinaca picada

3 dentes de alho picados

1 cenoura picada

1 pimentão vermelho picado

450g batatas descascadas e em cubos

5 copos de caldo de galinha

1 colher de chá de tomilho

2 folhas de louro

1 colher de chá de sal

Pimenta do reino a gosto

1 colher de chá de segurelha-das-hortas

Modo de Fazer:

Tempere bem o frango com sal, pimenta do reino e segurelha-das-hortas. Coloque-o na slowcooker com todos os ingredientes restantes.

Tampe e cozinhe no baixo por 6-7 horas ou no alto por 4 horas.

Ensopado de Milho na SlowCooker
Serve 4

Ingredientes:

1 lata de milho inteira, não drenada

1 cebola pequena, finamente picada

2 batatas descascadas e em cubos

1 xícara de presunto picado

1 talo de aipo picado

3 xícaras de caldo de legumes

2 xícaras de água

1 lata de leite evaporado

2-3 raminhos de coentro fresco, para servir

Modo de Fazer:

Em uma slowcooker, coloque as batatas, cebola, presunto, aipo, milho, sal e pimenta a gosto. Adicione o caldo de legumes.

Cozinhe no baixo por 7-8 horas e, em seguida, misture o leite evaporado. Cozinhe por mais 40 minutos e sirva coberto com folhas de coentro finamente cortadas.

Sopa Italiana de Casamento

Serve 4-5

Ingredientes:

450g de carne moída

1/3 de xícara depão ralado

1 ovo levemente batido

1 cebola ralada

2 cenoura picada

1 escarola pequena, aparada e cortada em tiras de 1,2 cm

1 xícara defolhas de espinafre

1 xícara de macarrão pequeno

3 xícarasde caldo de galinha

2 xícaras de água

2 colher de sopa de queijo parmesão, ralado

2 colher de sopa de salsa fresca, finamente cortada

3 colher de sopa de azeite

1 colher de chá deorégano seco

1 colher de chá de sal

1 colher de chá de pimenta do reino

Modo de Fazer:

Misture carne moída, ovo, cebola, pão ralado, queijo parmesão, salsa, 1/2 colher de chá de sal e 1/2 colher de chá de pimenta do reino. Misture bem com as mãos. Usando uma colher de sopa, faça almôndegas do tamanho de nozes. Aqueça o azeite em uma frigideira grande e cozinhe almôndegas em quantidades. Reserve em um prato.

Adicione caldo, água, cenoura, orégano, o restante de sal e pimenta e as almôndegas em uma slowcooker. Tampe e cozinhe no baixo por cerca de 8 horas.

Adicione no macarrão, espinafre e escarola e cozinhe por mais uma hora.

Sopa de Lentilha e Carne

Serve 5-6

Ingredientes:

450g de carne moída

1 xícara de lentilhas secas marrons ou verdes

2 cenouras picadas

1 cebola picada

1 batata cortada em cubos de 1/2 polegada

4 dentes de alho picados

2 tomates ralados ou puré

3-4 xícaras de água

1 colher de chá de segurelha

1 colher de chá de orégano seco

1 colher de chá de páprica

2 colheres de sopa deazeite

1 colher de chá de sal

Pimenta do reino moída, a gosto

Modo de Fazer:

Aqueça o azeite em uma frigideira. Cozinhe a carne moída, quebrando-a com uma colher. Adicione páprica e alho e mexa.

Misture todos os ingredientes em uma panela de barro. Cozinhe em baixa por 11-12 horas ou alta por 6 horas.

Sopa de Carne e Grão-de-Bico

Serve 5-6

Ingredientes:

2 fatias de bacon picado

1 xícara de carne moída

2 cenouras picadas

2 dentes de alho finamente picados

1 cebola grande picada

1 talo de folhas de aipo picado

1 lata detomates picados

3 xícaras decaldo de carne

1 lata de grão de bico, escorrido

½ xícara de macarrão pequeno

1 folha de louro

1 colher de chá de manjericão seco

1 colher de chá de alecrim seco

1/4 colher de chá de pimentões esmagados

Modo de Fazer:

Em uma frigideira, cozinhe o bacon e a carne moída até ficar bem feito, quebrando a carne enquanto cozinha. Escorra a gordura.

Em uma slowcooker, junte a mistura de carne e bacon, cebola, cenoura, aipo, alho, pimenta, caldo de carne, tomate e temperos. Mexa até todos os ingredientes estarem combinados. Tampe, cozinhe no baixo por 8-10 horas ou no alto por 5-6 horas.

Cerca de 1 hora antes de a sopa terminar, misture o grão-de-bico e o macarrão.

Sopa de Almôndega Italiana

Serve 5-6

Ingredientes:

450gde carne moída

1 cebola pequena ralada

½ xícara depão ralado

3-4 folhas de manjericão, finamente picadas

1 ovo levemente batido

1 cebola picada

2 dentes de alho esmagados

1 abobrinha em cubos

½ xícara defeijão verde (vagem), aparado e cortado pela metade

2 xícarasde molho de tomate

3 xícaras de água

½ xícara de macarrão pequeno

2 colher de sopa de azeite

Sal e pimenta do reino, a gosto

1/3 xícara de queijo parmesão ralado, para servir

Modo de Fazer:

Misture carne moída, cebola ralada, alho, pão ralado, manjericão e ovo em uma tigela grande. Tempere com sal e pimenta. Misture bem com as mãos e enrole colheres de sopa da mistura em bolas. Aqueça o azeite em uma frigideira grande e cozinhe as almôndegas em lotes. Reserve em um prato.

Adicione a água, molho de tomate, cebola e as almôndegas em uma slowcooker. Tampe e cozinhe no baixo por 9 horas.

Cerca de 1 hora antes da sopa terminar, misture a abobrinha, o feijão verde e o macarrão.

Sirva polvilhado com queijo parmesão.

Sopa de Carne Búlgara

Serve 5-6

Ingredientes:

680g coxa de carne, cortada em pedaços grandes

4 xícaras de água

3 cenouras descascadas e cortadas em pedaços de 7,5cm

2 cebolas, descascadas e cortadas em quatro pedaços

3-4 batatas médias, descascadas e cortadas em quatro pedaços

1 talo de aipo picado

2 folhas de louro

2 colher de chá de sal

1 colher de chá de pimenta do reino

Um punhado de salsa fresca, picada, para servir

Suco de limão, para servir

Modo de Fazer:

Misture carne, cebola, aipo e água em uma slowcooker. Adicione as folhas de louro, sal e pimenta preta.

Tampe e cozinhe no baixo por pelo menos 12 horas ou no alto por 6-7 horas.

Cerca de 1 hora antes de a sopa terminar, misture as cenouras e as batatas.

Sirva com suco de limão e polvilhado com salsa.

Sopa de Cordeiro

Serve 5-6

Ingredientes:

900g cordeiro magro desossado, em cubos

1 cebola, finamente cortada

1 cenoura picada

10 cebolinha picada

2 tomates em cubos

1/3 xícarade arroz de grãos curtos, lavado

4 xícaras de água quente

2 colher de sopa de azeite

1/2 colher de chá de páprica

1 colher de chá de sal

Pimento do reino, a gosto

1 colher de sopa de hortelã seco

1/2 xícara de salsa, finamente cortada

Modo deFazer:

Em uma frigideira, aqueça o azeite e toste suavemente o cordeiro. Adicione a carne juntamente com todos os outros ingredientes na slowcooker.

Mexa, tampee cozinhe no baixo por pelo menos 12 horas ou no alto por 6-7 horas.

Sopa de Cordeiro e Legumes
Serve 6-7

Ingredientes:

2 xícaras cordeiro assado, desfiado

3 xícaras de caldo de galinha ou de legumes

1 xícara de água

1 xícara de tomates enlatados, em cubos, não drenados

1 cebola picada

1 cenoura grande picada

1 nabo pequeno, picado

1 talo de aipo

Sal e pimenta do reino, a gosto

Modo de Faze:

Misture todos os ingredientes em uma slowcooker.

Tampe e cozinhe no baixo por 6-7 horasou no alto por 4 horas. Tempere com sal e pimenta do reino a gosto e sirva.

Sopa Cremosa de Abobrinha
Serve 4

Ingredientes:

1 cebola finamente picada

2 dentes de alho esmagados

4 xícaras de caldo de legumes

5 abobrinhas, descascadas, em fatias finas

1 batata grande picada

1/4 xícara de folhas de manjericão fresco

1 colher de chá de açúcar

½ xícara de iogurte, para servir

Queijo parmesão, para servir

Modo de Fazer:

Aqueça o óleo em uma frigideira em fogo médio e refogue a cebola e o alho, mexendo, por 2-3 minutos ou até ficar macio.

Adicione a mistura de cebola juntamente com o caldo de legumes, água, abobrinha, batata e uma colher de chá de açúcar em umaslowcooker. Cozinhe no baixo por 6 horas ou no alto por 3 1/2 a 4 horas.

Tempere com sal e pimenta a gosto. Se você não tiver um mixer ou varinha, pode transferir a sopa para um liquidificador (em lotes) e transformar em purê até ficar homogêneo. Sirva com uma dose de iogurte e / ou polvilhado com queijo parmesão.

Sopa no Estilo Toscano na SlowCooker
Serve 5-6

Ingredientes:

450gbatatas descascadas e em cubos

1 cebola pequena picada

1 lata de feijão misto, escorrido

1 cenoura picada

2 dentes de alho picados

4 xícaras de caldo de galinha

1 xícara de couve picada

3 colheres de sopa de azeite

1 folha de louro

Sal e pimenta a gosto

Queijo parmesão, para servir

Modo de Fazer:

Aqueça o óleo em uma frigideira em fogo médio e refogue a cebola, a cenoura e o alho, mexendo, por 2-3 minutos ou até ficar macio.

Misture todos os ingredientes, exceto a couve na slowcooker. Tempere com sal e pimenta a gosto.

Cozinhe no alto por 4 horas ou baixo por 6-7 horas. Adicione a couve cerca de 30 minutos antes de a sopa terminar de cozinhar. Sirva polvilhado com queijo parmesão.

Sopa de Abóbora e Pimentão

Serve 4

Ingredientes:

1 alho-poró médio picado

3 xícarasde abóbora, descascada, sem sementes, cortada em pequenos cubos

½ pimenta vermelha picada

1 lata de tomates não drenados

3 xícarasde caldo de legumes

½ colher de chá de cominho em pó

Sal e pimenta do reino, a gosto

Modo de Fazer:

Misture todos os ingredientes em uma panela de barro. Tempere com sal e pimenta e cozinhe em fogo baixo por 6 horas. Misture e cozinhe por mais 15 minutos.

Sopa de Abóbora Marroquina

Serve 6

Ingredientes:

1 alho-poró, parte branca apenas, finamente cortada

3 dentes de alho finamente picados

2 cenouras, descascadas, grosseiramente picadas

900g deabóbora, descascada, sem sementes, cortada

1/3 xícara degrão de bico

4 xícaras de caldo de legumes

5 colher de sopa de azeite

Suco de ½ limão

½ colher de chá de gengibre moído

½ colher de chá de canela em pó

½ colher de chá de cominho em pó

Sal e pimento, a gosto

1/2 xícara de salsa picada, para servir

Modo de Fazer:

Aqueça o azeite de oliva em uma frigideira e refogue delicadamente o alho-poró e o alho até ficar macio. Adicione canela, gengibre e cominho e mexa.

Adicione esta mistura na slowcooker juntamente com cenoura, abóbora e grão de bico. Adicione caldo de legumes, sal e pimenta.

Tampe e cozinhe no baixo por 6 horas. Misture em lotes e retorne à slowcooker. Cozinhe por mais 10 minutos. Sirva coberto com salsa.

Sopa de Espinafre, Alho-Poró e Quinoa
Serve 5-6

Ingredientes:

½ xícara de quinoa cozida, bem enxaguada

2 alho-poró cortado ao meio longitudinalmente e fatiado

1 cebola picada

2 dentes de alho picados

1 colher de sopa de azeite

1 lata de tomates em cubos, não drenados

2 xícaras de espinafre fresco picado

3 xícaras de caldo de legumes

Sal e pimenta a gosto

Modo de Fazer:

Aqueça uma frigideira em fogo médio. Adicione azeite e cebola e refogue por 2 minutos. Adicione o alho-poró e cozinhe por mais 2-3 minutos, então adicione o alho e mexa.

Adicione os legumes salteados e todos os ingredientes restantes, exceto o espinafre na slowcooker. Tempere com sal e pimenta a gosto. Cozinhe no alto por 4 horas ou baixo por 6-7 horas. Adicione o espinafre cerca de 30 minutos antes de terminar a sopa.

Sopa de Quinoa, Feijão Branco e Couve
Serve 5-6

Ingredientes:

½ xícara de quinoa cozida, bem enxaguada

1 cebola pequena picada

1 lata de tomates em cubos, não drenados

2 latas de feijão cannellini(branco), não drenado

3 xícaras decouve picada

2 dentes de alho picados

4 xícaras de caldo de legumes

1 colher de chá de páprica

1 colher de chá de hortelã seca

Sal e pimenta a gosto

Modo de Fazer:

Misture todos os ingredientes, exceto a couve na slowcooker. Tempere com sal e pimenta a gosto.

Cozinhe no alto por 4 horas ou baixo por 6-7 horas. Adicione a couve cerca de 30 minutos antes de terminar a sopa.

Sopa de Grão de Bico Mediterrânea
Serve 5-6

Ingredientes:

1 lata de grão de bico, escorrido

Um monte de cebolinhas finamente cortadas

2 dentes de alho esmagados

1 lata detomates em cubos

4 xícaras de caldo de legumes

1/2 repolho médio, sem miolo e cortado em 8 fatias

3 colher de sopa de azeite

1 folha de louro

½ colher de chá de alecrim

½ xícara dequeijo parmesão ralado na hora

Modo de Fazer:

Em uma frigideira, refogue a cebola e o alho no azeite. Adicione à slowcooker junto com o caldo, grão de bico, tomate, louro e alecrim.

Cozinhe no alto por 4 horas. Adicione repolho na sopa, tampe e cozinhe até que esteja macia, cerca de 20 minutos no alto. Sirva polvilhado com queijo parmesão.

Sopa Francesa de Legumes

Serve 4-5

Ingredientes:

1 alho-poró, em fatias finas

1 abobrinha grande, descascada e cortada

1 xícara de feijão verde, cortado em metades

2 batatas grandes, descascadas e cortadas em pedaços grandes

1 bulbo de erva-doce médio, cortado, sem miolo e cortado em pedaços grandes

2 dentes de alho, cortados

4 xícaras de caldo de legumes

Pimenta do reino, a gosto

4 colher de sopa de queijo parmesão ralado na hora

Modo de Fazer:

Misture todos os ingredientes na slowcooker. Tempere com sal e pimenta a gosto. Cozinhe no baixo por 6 - 10 horas ou alto por 2,5 - 3 horas.

Sirva quente polvilhado com queijo parmesão.

Sopa de Lentilha Marroquina
Serve 8-9

Ingredientes:

1 xícara de lentilhas vermelhas

1/2 xícara de grão de bico enlatado, escorrido

2 cebolas picadas

2 dentes de alho picados

1 xícara de tomate enlatado picado

1/2 xícara de feijão branco enlatado, escorrido

3 cenouras, cortadas em cubos

3 talos de aipo, em cubos

6 xícaras de água

1 colher de chá de gengibre ralado

1 colher de chá de cardamomo em pó

Modo de Fazer:

Adicione todos os ingredientes à slowcooker. Tampe e cozinhe no baixo por 8 horas ou alto por 4 horas.

Tempere com sal a gosto e bata metade da sopa em um processador de alimentos ou liquidificador.

Devolva a sopa em purê à slowcooker, mexa e sirva.

Reconfortante Sopa de Ervilha Rachada
Serves 5-6

Ingredients:

450g deervilha rachada secas, enxaguadas e escorridas

2 batatas descascadas e cortadas em cubos

1 cebola pequena picada

1 talo de aipo picada

1 cenoura picada

2 dentes de alho picados

1 folha de louro

1 colher de chá de pimenta do reino

1/2 colher de chá de sal

6 xícaras de água

Queijo feta ralado, para servir

Modo de Fazer:

Misture todos os ingredientes em umaslowcooker.

Tampe e cozinhe no baixo por 5-6 horas.

Descarte a folha de louro. Misture a sopa à consistência desejada, adicionando mais água quente para diluir, se desejado.

Polvilhe queijo feta ralado por cima e sirva com alho ou pão de ervas.

Sopa Grossa de Vegetais e Macarrão
Serve 4-5

Ingredientes:

¼ repolho picado

2 cenouras picadas

1 talo de aipo, em fatias finas

1 cebola pequena picada

2 dentes de alho picados

4 xícaras de caldo de legumes

1 xícara de tomate enlatado, em cubos, não drenados

1 xícara de espinafre fresco, rasgado

Pimenta do reino e sal, a gosto

Modo de Fazer:

Adicione todos os ingredientes, exceto o espinafre à slowcooker. Cubra e cozinhe no baixo por 6-7 horas ou alto por 4 horas.

Adicione o espinafre cerca de 30 minutos antes da sopa terminar de cozinhar.

Sopa de Jardim de Verão na SlowCooker
Serve 4-5

Ingredientes:

1 cebola pequena, finamente cortada

2 cenouras picadas

1 abobrinha, descascada e em cubos

1 caixa de feijão manteiga congelado, descongelado

1 talo de aipo, em fatias finas

2 dentes de alho picados

4 xícaras de caldo de legumes

1 lata de tomates, em cubos, não drenados

1 abóbora amarela média, em cubos

1 xícara de macarrão pequeno não cozido

3-4 colher de sopa de pesto

Pimenta do reino e sal, a gosto

Modo de Fazer:

Adicione todos os ingredientes, exceto abobrinha, abóbora amarela e macarrão à slowcooker. Tampe e cozinhe no baixo por 6 horas ou alto por 4 horas.

Junte o macarrão, a abobrinha e a abóbora amarela. Tampe; cozinhe por mais 1 hora ou até que os legumes estejam macios. Cubra individualmente com pesto.

Sopa de Tomate com Manjericão na Panela de Barro

Serve: 5-6

Ingredientes:

4 xícaras detomates frescos picados ou 800ml de tomate enlatado

1/3 xícara de arroz

3 xícaras de água

1 cebola grande, em cubos

4 garliccloves, minced

3 colher de sopa de azeite

1 colher de chá de sal

1 colher de sopa de manjericão seco

1 colher de sopa de páprica

1 colher de chá de açúcar

½ maço de salsa fresca, para servir

Modo de Fazer:

Em uma frigideira, refogue a cebola e o alho por 2-3 minutos. Quando as cebolas tiverem amolecido, adicione-as juntamente com todos os outros ingredientes à panela de barro.

Cozinhe em fogo baixo por 5-7 horas, ou em fogo alto por 3 1/2. Misture com um mixer ou varinha e sirva com salsa fresca.

Sopa de Couve-Flor comQueijo

Serve 4-5

Ingredientes:

1 cebola grande, finamente cortada

1 couve-flor média picada

2-3 dentes de alho picados

4 xícaras de caldo e legumes

1 xícara de creme de leite integral

1 xícara de queijo cheddar ralado

Sal, a gosto

Pimenta do reino fresca moída a gosto

Modo de Fazer:

Coloque couve-flor, cebola, alho e caldo de legumes em uma panela de barro. Tampe e cozinhe em fogo baixo por 4-6 horas. Misture no liquidificador.

Volte à panela de barro e misture o creme de leite e o queijo. Tempere com sal e pimenta e mexa para misturar.

Sopa de Alcachofra Cremosa
Serve 4

Ingredientes:

1 lata de corações de alcachofra, drenados

3 batatas, descascadas e cortadas em pedaços de ½ polegada

1 cebola pequena, finamente cortada

2 dentes de alho esmagados

3 xícaras de caldo de legumes

2 colher de sopa de suco de limão

1 xícara de creme de leite

Pimenta do reino, a gosto

Modo de fazer:

Misture as batatas, cebola, corações de alcachofra, caldo de carne, suco de limão e pimenta do reino na slowcooker.

Tampe e cozinhe no baixo por 8-10 horas ou no alto por 4-5 horas ou até que as batatas estejam macias.

Misture a sopa em lotes e devolva-a à slowcooker. Adicione o creme e continue a cozinhar até aquecer mais 5-10 minutos. Decore com um rodamoinho de creme ou uma fatia de alcachofra.

Sopa de Alcachofra com Tomate

Serve 4

Ingredientes:

1 lata de corações de alcachofra, drenados

1 lata de tomates em cubos, não drenados

3 xícaras de caldo de legumes

1 cebola pequena picada

2 dentes de alho esmagados

1 colher de sopa de pesto

Pimenta do reino, a gosto

Modo de Fazer:

Misture todos os ingredients na slowcooker.

Tampe e cozinhe no baixo por 8-10 horas ou no alto por 4-5 horas.

Misture a sopa em lotes e devolva-a à slowcooker. Tempere com sal e pimenta a gosto e sirva.

Pratos Principais na SlowCooker

Ensopado de Frango Mediterrâneo
Serve 4

Ingredientes:

4 metades de peito de frango

1 cebola grande, fatiada

1 pimentão vermelho, em fatias finas

2 xícaras de molho de tomate

1/2 xícara de azeitonas pretas, sem caroço

½ xícara deazeitonas verdes, sem caroço

1/3 xícara de queijo parmesão

¼ xícara de salsa picada

Modo de Fazer:

Pulverize a slowcooker com spray antiaderente.

Misture todos os ingredientes na slowcooker e vire o frango para cobrir. Cozinhe no baixo por 7-8 horas.

Polvilhe com queijo parmesão, salsa e sirva.

Ervas, Frango e Legumes na SlowCooker
Serve4

Ingredientes:

4 metades de peito de frango sem pele e sem osso

350g de batata bolinha ou batata miúda

1 cebola fatiada

2 cenouras cortadas

1 pimentão vermelho, cortado na metade, sem sementes, cortado

1 abobrinha, descascada e cortada

4 dentes de alho finamente cortados

1 xícara de caldo de galinha

1 colher de chá de orégano seco

1 colher de chá de alecrim seco

Sal e pimento do reino, a gosto

Modo de Fazer:

Pulverize a slowcooker com spray antiaderente.

Coloque os legumes na slowcooker. Tempere com um pouco de sal e pimenta.

Tempere os peitos de frango com orégano e alecrim e coloque em cima de legumes.

Despeje caldo de frango sobre o frango e legumes. Tampe e cozinhe no baixo por cerca de 6-7 horas.

Frango e Cebola na Panela de Barro

Serve 4

Ingredientes:

4 metades de peito de frango

4-5 cebolas grandes, finamente cortadas

1/2 xícara de azeitonas pretas, sem caroço

4 colher de sopa de azeite

1 colher de chá de tomilho

1 colher de chá de açafrão

Sal e pimento do reino, a gosto

1/4 xícara de folhas de salsa, picadas, para servir

Modo de Fazer:

Aqueça o óleo em uma frigideira grande em fogo médio-alto. Tempere os peitos de frango com tomilho e açafrão e cozinhe-os, virando por 4-5 minutos ou até dourar. Transfira para slowcooker.

Coloque cebolas e azeitonas em cima de frango. Adicione o caldo de galinha, tampe e cozinhe no baixo por cerca de 6-7 horas.

Coxinhas de Frango Mediterrâneo na Panela de Barro

Serve 4

Ingredientes:

8 coxinhas de frango

1 alho-poró, aparado, em fatias finas

2 dentes de alho esmagados

1 lata de tomates

1 lata de grão de bico, escorrido e enxaguado

1 colher de chá de alecrim seco

1 colher de chá de páprica

Sal e pimenta, a gosto

Modo de Fazer:

Pulverize a slowcooker com spray antiaderente.

Coloque todos os ingredientes na slowcookere vire as coxinhas para cobrir bem.

Cozinhe no baixo por 5-6 horas.

Sirva com arroz italiano cozido ou cuscuz.

Coxinhas de Frango e Alho-Poróna Panela de Barro

Serve 4

Ingredientes:

8 coxinhas de frango

4-5 alho-poró, aparado, em fatias finas

4-5 cogumelos brancos, fatiados

2 dentes de alho esmagados

1/2 xícara devinho branco seco

1 xícara de ervilhas congeladas

1 xícara de creme de leite

1 colher de sopa de estragão fresco picado

Sal e pimenta, a gosto

Modo de Fazer:

Pulverize a slow cooker com spray antiaderente.

Coloque todos os ingredientes na slowcooker e vire as coxinhas para revestir bem.

Cozinhe no baixo por 6-7 horas.

Ensopado de Frango Grego na SlowCooker

Serve 4

Ingredientes:

4 metades de peito de frango desossadas, sem pele ou 8 coxas

450g de batatas, descascadas e em cubos

450 de feijão verde, aparado e cortado em pedaços de 2,5cm

1 cebola grande picada

5 dentes de alho picados

1 lata de tomate, não drenado

1/2 xícara de queijo feta, desintegrado

Sal e pimenta preta, a gosto

Modo de Fazer:

Pulverize a slowcooker com spray antiaderente.

Coloque todos os ingredientes naslowcooker e vire os peitos de frango para cobrir bem.

Cozinhe no baixo por 6-7 horas e, em seguida, misture o queijo feta. Cozinhepormais 40 minutos e sirva.

Frango Inteiro com Sumagre
Serve 4

Ingredientes:

1 frango inteiro (1,3kg a 1,8kg)

2 colher de sopa deazeite

2 dentes de alho esmagados

1 colher de sopa de sumagre

1 colher de chá de casca de limão

1 colher de sopa de suco de limão

Sal e pimenta do reino, a gosto

Modo de Fazer:

Misture azeite, alho, sumagre, casca de limão, suco de limão, sal e pimenta em uma tigela. Esfregue a mistura sobre o frango. Cubra e deixe marinar por 2 horas, se o tempo permitir.

Cozinhe na slowcooker no baixo até não ficar rosado no osso e os sucos ficarem claros, 6 a 8 horas.

Frango com Amêndoas e Ameixas
Serve 4

Ingredientes:

900gfilés de coxa de frango, aparados

1/2 xícara de suco de laranja fresco

2 colher de sopa de mel

1/3 xícara de vinho branco

1/2 xícara de ameixas secas

2 colher de sopa de amêndoas descascadas

2 colher de sopa de passas ou sultanas

1 colher de chá de canela moída

Sal e pimenta do reino moída, a gosto

1 colher de sopa de folhas de salsa fresca, picada

Modo de Fazer:

Pulverize a slowcooker com spray antiaderente.

Coloque todos os ingredientes na slowcooker e vire os filés de frango para cobrir bem.

Cozinhe no baixo por 6-7 horas.

Tagine de Frango Marroquino Cozido Lentamente

Serve 4-5

Ingredientes:

1 frango inteiro (1,3kg a 1,8kg), cortado em pedaços

2 cebolas grandes raladas

2 ou 3 dentes de alho finamente picados ou prensados

1 colher de chá de gengibre

1 colher de chá de cominho

1 colher de chá de páprica

1 colher de chá de pimenta preta

1 colher de chá de açafrão

1/2 colher de chá de sal

1/2 xícara de azeitonas verdes ou pretas, ou misturadas

1-2 limões preservados, esquartejados e sem sementes

5 colheres de sopa de azeite

Um ramo de coentro fresco

Um monte de folhas de salsa fresca

Modo de Fazer:

Enxaguar e secar o frango e colocar em um prato limpo.

Em uma tigela grande, misture três colheres de sopa de azeite, sal, metade das cebolas, alho, gengibre, cominho, páprica e açafrão. Misture bem, esmague o alho com os dedos e adicione um pouco de água para fazer uma pasta.

Enrole os pedaços de frango na marinada e deixe por 10 a 15 minutos.

Em umaslowcooker, adicione o frango e despeje o excesso de suco da marinada por cima. Adicione as cebolas restantes, azeitonas e limão preservado picado.

Amarre a salsa e coentro juntos em um buquê e coloque em cima do frango.

Tampe e cozinhe no baixo por 6-7 horas. Retire o buquê de salsa e sirva sobre arroz cozido ou cuscuz.

Moussaka de Frango na SlowCooker
Serve 6

Ingredientes:

2 berinjelas grandes, cortadas em rodelas grossas de 1,2cm

Spray de cozinha de azeite

1 colher de sopa de sal

1 cebola grande, finamente cortada

1/2 colher de chá de canela em pó

1/2 colher de chá denoz-moscada moída

1/4 colher de chá de coentro em pó

1/4 colher de chá de gengibre moído

2 xícaras de tomate enlatado, não drenados, picados

2 xícaras de frango sem pele, desfiado e assado

1/2 xícara de folhas de salsa fresca picada

1 colher de chá deaçúcar

Para a cobertura:

1 copo de iogurte

3 ovos

1 xícara de queijo parmesão

Sal e pimenta preta, a gosto

Modo de Fazer:

Coloque as fatias de berinjela em uma bandeja e polvilhe com bastante sal. Deixe descansar por 30 minutos, depois enxágüe com água fria. Deite as fatias na horizontal e use uma toalha de cozinha limpa para espremer o excesso de água e seque.

Aqueça uma frigideira em fogo médio alto. Pulverize ambos os lados da berinjela com óleo. Cozinhe em lotes por 3 a 4 minutos de cada lado ou até dourar. Transfira para um prato.

Na mesma panela, refogue a cebola, mexendo, por 3 a 4 minutos ou até amolecer. Adicione tempero. Refogue por um minuto até ficar perfumado. Adicione os tomates e o açúcar, mexa e refogue até engrossar. Adicione o frango e a salsinha e misture bem.

Arrume metade das fatias de berinjela na slowcooker. Cubra com a mistura de frango e tomate e prepare a berinjela restante.

Tampe a slowcooker e cozinhe no alto por 2 horas.

Misture os ovos, iogurte, queijo parmesão e coloque por cima da berinjela com uma colher. Recoloque a tampa e cozinhe no baixo por 1 a 1 ½ horas.

Frango à Portuguesa

Serve 4

Ingredientes:

1 frango inteiro

4 dentes de alho esmagados

1/3 xícara de suco de limão

3 colher de sopa de azeite

1 colher de sopa de flocos de pimenta

1 colher de chá de coentro em pó

1 colher de sopa de páprica

1 colher de chá deorégano seco

1 colher de chá de sal

Modo de Fazer:

Usando uma faca afiada, corte os ossos em ambos os lados da coluna vertebral. Remova a coluna vertebral, coloque o peito de frango em uma tigela.

Misture suco de limão, azeite, alho, pimenta, sal, coentro, colorau e orégano juntos em um copo. Despeje sobre o frango, cubra e leve à geladeira por pelo menos duas horas.

Em uma slowcooker, adicione o frango e despeje o excesso de suco de marinada por cima. Cozinhe no baixo por 6-7 horas. Sirva com salada de legumes ou batatas cozidas.

Frango com Tomate e Alcachofra Lentamente Cozido

Serve 4

Ingredientes:

3 peitos de frango sem pele, cortados em tiras

2 alhos-poró, apenas partes brancas, picadas

1 lata de alcachofra cortada em quartos, drenada

1 lata de tomates em cubos

1/2 azeitonas verdes, cortadas ao meio

2 dentes de alho esmagados

1 colher de chá de casca de limão

7-8 folhas frescas de manjericão picadas

1 folha de louro

Sal e pimenta a gosto

1 xícara de salsa finamente cortada

Modo de Fazer:

Pulverize a slowcooker com spray antiaderente.

Misture todos os ingredientes na slowcooker e vire o frango para cobrir.

Cozinhe no baixo por 7-8 horas. Retire a folha de louro e sirva polvilhado com salsa.

Frango Fácil Parmigiana
Serve 4

Ingredientes:

4 filés de peito de frango

1 berinjela, descascada e fatiada longitudinalmente

1 lata de tomates, em cubos e não drenados

250g dequeijo mussarela fatiado

1 colher de chá de manjericão seco

Sal e pimenta a gosto

Modo de Fazer:

Pulverize a slow cooker com spray antiaderente.

Misture todos os ingredientes, exceto o queijo mussarela, na slowcooker e vire o frango para cobrir. Cozinhe no baixo por 5 horas ou alto 4-6 horas.

Adicione a mussarela e continue a cozinhar até aquecer 25 minutos mais.

Peru Mediterrâneo na SlowCooker
Serve 4

Ingredientes:

1 peito de peru desossado, aparado

1 cebola vermelha grande, cortada

2-3 dentes de alho picados

1/3 xícara devinho branco seco

1/2 xícara de caldo de galinha

1 xícara de azeitonas pretas, sem caroço

1 colher de sopa detomilho seco

1 xícara de tomates secos embalados em óleo

Sal e pimenta do reino, a gosto

Modo de Fazer:

Misture todos os ingredientes na slowcooker. Tampe e cozinhe no baixo 7-8 horas. Corte o peru em fatias e sirva.

Ensopado de Frutos do Mar Mediterrâneo
Serve 4

Ingredientes:

1 ½ filés de solha ou linguado

340g decamarão médio cru com casca, sem caudas

3 tomates picados

1 cebola picada

2 dentes de alho picados

1/3 xícara de vinho branco

20 azeitonas pretas, sem caroço e picadas

1 colher de sopa de alcaparras

1 colher de sopa de suco de limão fresco

1 colher de chá de orégano seco

4 folhas de manjericão fresco picado

3 colheres de sopa de queijo parmesão

Modo de Fazer:

Pulverize a slowcooker com spray antiaderente. Coloque o camarão, cebola, alho, orégano, tomate, vinho, azeitonas, alcaparras, suco de limão e manjericão picado. Cozinhe no alto por 4 horas, junte o peixe e cozinhe por mais 30 a 45 minutos ou até que o peixe esteja escamoso.

Sirva polvilhado com queijo parmesão.

Salmão Mediterrâneo na SlowCooker
Serve 4

Ingredientes:

450g de filetes de salmão

2 tomates picados

1 cebola picada

1 pimentão vermelho picado

1 abobrinha, descascada e fatiada

1 colher de sopa de alcaparras

1 colher de sopa de suco de limão fresco

1 colher de chá de alho em pó

1 colher de chá de endro seco

1/2 colher de chá de pimenta do reino

1 colher de chá de sal

Modo de Fazer:

Embrulhe todos os ingredientes em papel alumínio e coloque dentro da slowcooker.

Cozinhe no baixo por 6 horas ou até que o salmão esteja cozido e lascado facilmente.

Cordeiro com Molho de Vinho Tinto Cozido Lentamente

Serve 4

Ingredientes:

4 coxas de cordeiro aparadas

1 cebola em fatias finas

2 cenouras grandes, picadas

2-3 cherívias picadas

1 xícara de caldo de galinha

2 xícaras de vinho tinto seco

1 colher de chá de açúcar mascavo

½ colher de chá de pimenta do reino

½ colher de chá de sal

Modo de Fazer:

Pulverize a slow cooker com spray antiaderente.

Coloque as coxas de cordeiro junto com todos os outros ingredientes.

Tampe e cozinhe no baixo por 6-7 horas.

Cordeiro Mediterrâneo Cozido Lentamente

Serve 4

Ingredientes:

460g de coxa de cordeiro desossada, aparada e em cubos

1 cebola em fatias finas

2 cenouras grandes, picadas

2 dentes de alho picados

1 xícara de caldo de galinha

1 lata de grão de bico, escorrido

1 xícara de passas

1/2 xícara de figos secos, cortados ao meio

4 colheres de sopa de hortelã fresca, finamente cortada

1/4 colher de chá de açafrão, esmagado

1 colher de chá de gengibre moído

½ colher de chá de pimenta preta

½ colher de chá de sal

3 colheres de sopa de azeite

Modo de Fazer:

Aqueça o óleo em uma frigideira grande antiaderente e cozinhe o cordeiro em lotes, por 3-4 minutos de cada lado, ou até dourar. Transfira para a slowcooker.

Adicione todos os outros ingredientes. Tampe e cozinhe no baixo por 7-9 horas.

Cordeiro Cozido Lentamente com Limão, Endro e Queijo Feta

Serve 4

Ingredientes:

4 coxas de cordeiro

1 cebola pequena, finamente fatiada

2 dentes de alho picados

1 xícara de caldo de galinha

1/2 xícara de endro fresco, finamente cortado

1 limão médio, finamente fatiado

1 xícara de queijo feta esmigalhado

2 colheres de sopa de azeite

½ colher de chá de pimenta preta

½ colher de chá de sal

3 colheres de sopa de azeite

Modo de Fazer:

Tempere as coxas de cordeiro com sal e pimenta. Aqueça o óleo em uma frigideira grande antiaderente e cozinhe o cordeiro em lotes, por 3-4 minutos de cada lado, ou até dourar. Transfira para a slowcooker.

Adicione o caldo de galinha, 2 colheres de sopa de endro, alho, cebola e rodelas de limão. Tampe e cozinhe no baixo até que o cordeiro esteja macio, cerca de 8-9 horas.

Polvilhe com o queijo feta e o endro restante e sirva com orzo ou arroz.

Cordeiro Lentamente Cozido e Cuscuz de Damasco

Serve 4

Ingredientes:

450g de pedaços de cordeiro cozidos

1 cebola em fatias finas

2 xícaras de cenouras pequenas

6-7 damascos secos

1 dente de alho picado

1 xícara de caldo de galinha

1/2 xícara de passas

4 colheres de sopa de hortelã fresca, finamente cortada

1/4 colher de chá de fios de açafrão, esmagado

1 colher de chá de gengibre moído

½ colher de chá de pimenta do reino

½ colher de chá de sal

3 colheres de sopa de azeite

1/2 xícara de folhas de coentro, finamente cortadas, para servir

Fatias de limão, para servir

Modo de Fazer:

Aqueça o óleo em uma frigideira grande antiaderente e cozinhe o cordeiro em lotes, por 3-4 minutos de cada lado, ou até dourar. Transfira para a slowcooker.

Adicione todos os outros ingredientes. Tampe e cozinhe no baixo por 7-9 horas.

Sirva com cuscuz, hortelã ou coentro e fatias de limão.

Tagine Fácil de Cordeiro e Abóbora Manteiga

Serve 4

Ingredientes:

450g de pedaços de cordeiro cozidos

1 cebola pequena, finamente cortada

2 cenouras picadas

1 pequena abóbora manteiga, descascada, sem sementes e picada

1 dente de alho picado

1 xícara de caldo de galinha

1 colher de sopa de mel

1/4 colher de chá de fios de açafrão, esmagado

1 colher de chá de gengibre moído

½ colher de chá de pimenta do reino

½ colher de chá de sal

3 colheres de sopa de azeite

1/2 xícara de coentro picado, para servir

4 colheres de sopa de pinhão torrado, para servir

Modo de Fazer:

Aqueça o óleo em uma frigideira grande antiaderente e cozinhe o cordeiro em lotes, por 3-4 minutos de cada lado, ou até dourar. Transfira para a slowcooker.

Adicione todos os outros ingredientes. Tampe e cozinhe no baixo por 7-9 horas.

Sirva com cuscuz, folhas de coentro e pinhão torrado.

Guisado de Cordeiro, Espinafre e Grão de Bico

Serve 4

Ingredientes:

450g de pedaços de cordeiro cozidos

1 cebola pequena, finamente cortada

2 cenouras picadas

1 tomate em cubos

2 xícaras de espinafre picado

1 lata de grão de bico, escorrido

1 dente de alho picado

1 xícara de caldo de galinha

1 colher de sopa de páprica

½ colher de chá de pimenta preta

½ colher de chá de sal

3 colheres de sopa de azeite

1 xícara de iogurte, para servir

Modo de Fazer:

Aqueça o óleo em uma frigideira grande antiaderente e cozinhe o cordeiro em lotes, por 3-4 minutos de cada lado, ou até dourar. Transfira para a slowcooker.

Adicione todos os outros ingredientes, exceto o espinafre. Tampe e cozinhe no baixo por 6-7 horas. Adicione o espinafre, tampe e cozinhe no alto até o espinafre ficar murcho, cerca de 10 minutos.

Sirva com bastante de iogurte.

Carne Moída, Quinoae Couve de Bruxelas
Serve 4

Ingredientes:

170g de carne moída

1/2 cebola pequena, finamente cortada

2 dentes de alho esmagados

1 xícara de quinoa

2 xícaras de caldo de galinha

1 batata doce grande, descascada e ralada

1 xícara de couve de bruxelas ralada

1 colher de sopa de azeite

Modo de Fazer:

Pulverize a slow cooker com spray antiaderente.

Em uma caçarola, aqueça o azeite em fogo médio. Refogue delicadamente a cebola e o alho até ficar perfumado. Adicione a carne moída, quebrando-a enquanto cozinha.

Misture quinoa e caldo de galinha na slowcooker. Adicione a mistura de carne moída e todos os outros ingredientes.

Tampe e cozinhe no alto por 2 horas.

Ensopado de Carne Italiano

Serve 4

Ingredientes:

680g decarne cozida

3 cenouras cortadas

1 cebola média, fatiada

3 dentes de alho picados

1 lata de feijão branco, escorrido

1/2 xícara de caldo de carne

1 lata de tomates em cubos, não drenados

2 xícaras de feijão verde congelado

2/3 xícara de folhas de manjericão fresco picado

1 colher de chá de açúcar

Modo de Fazer:

Pulverize a slow cooker com spray antiaderente.

Coloque carne, cenoura, cebola, alho, feijão, tomate e caldo de carne na slowcooker.

Tampe e cozinhe no baixo por 10-11 horas.

Adicione o manjericão, o açúcar e o feijão verde congelado. Aumente o ajuste de calor para alto, tampe e cozinhe por 30 minutos ou até que os grãos verdes estejam macios.

Ensopado de Carne com Marmelo
Serve 6-8

Ingredientes:

900g de carne bovina magra assada e cortada em pedaços de 5cm

2 cebolas picadas

2-3 tomates em purê

1-2 folhas de louro

1 pau de canela

1 xícara de vinho branco seco

3 marmelos descascados, cortados em cubos

5-6 ameixas secas

1 colher de chá de páprica

1 colher de chá de sal

1/2 colher de chá de pimenta do reino

1 colher de sopa de mel

3 colheres de sopa de azeite

Modo de Fazer:

Aqueça o azeite em uma panela grande em fogo médio-alto. Sele a carne em lotes e coloque-a na slowcooker.

Adicione todos os outros ingredientes, tampe e cozinhe no baixo por 11-12 horas. Descarte o pau de canela e as folhas de louro e sirva.

Cuscuz de Carne Cozida Lentamente

Serve 5-6

Ingredientes:

900g de carne bovina cozida

1 cebola grande, cortada

1/2 xícara de grão de bico enlatado, escorrido

2 cenouras

1/2 xícara de ervilhas

1/2 xícara de azeitonas pretas, sem caroço

3 colheres de sopa de molho de tomate

2 caldo de carne

1 abobrinha, descascada e cortada

1 xícara de feijão verde congelado

3 batatas descascadas e cortadas

1 colher de chá de cominho

1 colher de chá de páprica

Um pequeno punhado de salsa fresca

Modo de Fazer:

Coloque carne, cebola, grão de bico, ervilhas, cenoura, azeitonas, molho de tomate, cominho, páprica e caldo de carne na slowcooker. Amarre a salsa como um buquê e coloque-a no topo. Tampe e cozinhe no baixo por 10 horas. Adicione o feijão verde, a batata e a abobrinha, tempere com sal e pimenta a gosto, aumente a temperatura e cozinhe por mais 1 hora. No final, descarte o buquê de salsa.

Sirva sobre o cuscuz o cozido com carne e legumes em cima e ensopado de molho em uma tigela separada.

Carne Fácil na Panela de Barro

Serve 4

Ingredientes:

900g de carne, em cubos

1 cebola pequena, finamente cortada

1 talo de aipo finamente cortado

1 sopa de creme de cogumelos

½ xícara de água ou caldo de legumes

Modo de Fazer:

Pulverize a slowcooker com spray antiaderente.

Misture todos os ingredientes na slowcooker, tampe e cozinhe no baixo por 7-9 horas.

Ensopado de Carne e Abóbora

Serve 4-5

Ingredientes:

900g de carne magra, em cubos

2 xícaras de abóbora em cubos

1 cebola pequena picada

2 dentes de alho picados

1 tomate em cubos

Raspas de uma laranja

1 folha de louro

1 colher de chá de páprica

4 colheres de sopa de azeite

Sal e pimenta preta, a gosto

3 cebolinhas, picadas, para servir

Modo de Fazer:

Pulverize a slow cooker com spray antiaderente.

Misture todos os ingredientes na slowcooker, tampe e cozinhe no baixo por 7-9 horas.

Polvilhe com cebolinha e sirva.

Carne e Vegetais de Raiz na Panela de Barro

Serve 6

Ingredientes:

900g de carne bovina cozida

2 cenouras cortadas

2 cebolas fatiadas

1 pequeno nabo, descascado e cortado em cubos

1 beterraba pequena, descascada e cortada em cubos

1 xícara de caldo de carne

1 colher de chá de pasta de tomate

1 colher de sopa de páprica

2 folhas de louro

1 xícara de iogurte, para servir

Modo de Fazer:

Pulverize a panela de barro com spray antiaderente.

Misturo todos os ingredientes na panela de barro. Tampe e cozinhe no baixo por 6-9 horas.

Carne e Grão-de-bico na Panela de Barro
Serve 4

Ingredientes:

900g de carne bovina magra, em cubos

2 cebolas picadas

1 lata de grão de bico, escorrido

1 pimentão vermelho picado

1 colher de sopa de tomate

1 xícara de caldo de carne

1 colher de chá de páprica

1 colher de chá de cominho

Sal a gosto

Modo de Fazer:

Misture todos os ingredientes na panela de barro. Tampe e cozinhe por 6-7 horasno baixo ou 4 horas no alto.

Guisado de Carne com Repolho

Serve 6-8

Ingredientes:

5 a 7cmde corte central decoxas bovinas

1 repolho médio, cortado em tiras finas

1 cebola picada

1 cenoura picada

1 pimentão vermelho, cortado em tiras

2 tomates picados

1 colher de chá de páprica

1/2 colher de chá de cominho

1/2 colher de chá de canela

1 xícara de caldo de galinha

Sal a gosto

1 1/2 xícaras de água

Modo de Fazer:

Misture repolho, cebola, cenoura, pimenta e tomate na slowcooker. Tempere com sal e pimenta a gosto, adicione em páprica, cominho e canela. Coloque as coxas de carne em cima dos legumes e adicione o caldo de galinha.

Tampe e cozinhe no baixo por 9 horas. Retire, triture a carne e sirva.

Misto de Legumes com Carne
Serve 6-8

Ingredientes:

900g de carne bovina cozida

2 berinjelas, descascadas e em cubos

5 batatas pequenas, cortadas ao meio

1 abobrinha descascada e em cubos

2 pimentas vermelhas, cortadas

1 xícara de quiabo congelado

1 xícara de ervilhas congeladas

1 xícara de feijão verde congelado

1 cebola cortada

4 dentes de alho cortados

3 tomates em cubos

4 colheres de sopa de azeite

1 colher de chá de páprica

Sal a gosto

Pimenta do reino, a gosto

1 xícara de folhas de salsa picadas

Modo de Fazer:

Polvilhe os pedaços de berinjela com sal e reserve em uma peneira por 15 minutos. Lave o sal e o excesso de sumo e seque os pedaços de berinjela.

Aqueça o azeite em uma panela grande e refogue os pedaços de carne por alguns minutos até dourar bem. Transfira para a panela de barro. Acrescente berinjela, cebola, alho, ervilha, vagem, tomate, quiabo e pimentão vermelho. Adicione o caldo de galinha e a páprica. Tempere com sal e pimenta a gosto. Tampe e cozinhe em fogo baixo por 6-7 horas.

Duas horas antes de o ensopado terminar, junte a abobrinha e as batatas.

Sirva polvilhado com salsa.

Pimentão Recheado com Arroz eCarne Moída

Serve 6

Ingredientes:

8-9 pimentões vermelhos ou verdes, sem caroço e sem sementes

900g de carne moída

1/4 xícara de arroz, lavado e escorrido

1 cebola finamente cortada

1 tomate ralado

Umpunhado de salsa fresca picada

1 xícara de água morna

3 colheres de sopa de azeite

1 colher de sopa de páprica

Sal e pimenta a gosto

Modo de Fazer:

Aqueça o azeite e refogue a cebola durante 2-3 minutos. Retire do fogo. Adicione páprica, carne moída, arroz, tomate e salsa e tempere com sal e pimenta. Misture muito bem e recheie cada pimentão com a mistura usando uma colher. Cada pimentão deve estar 3/4 cheio.

Arrume os pimentões na slowcooker e encha com água morna. Tampe e cozinhe por cerca de 7 horas no baixo. Sirva com iogurte.

Tomates Recheados com Bulgur e Carne Moída

Serve 6

Ingredientes:

450g de carne moída

6 tomates grandes

2 colher de sopa de molho de tomate ou extrato

1/2 xícara de bulgur

1 cebola picada

2 dentes de alho esmagados

6 colher de chá de açúcar

1 colher de chá de páprica

1 colher de chá de hortelã

1/2 xícara de folhas de salsa, finamente cortada

1 xícara de caldo de galinha

5 colheres de sopa de azeite

Sal e pimenta a gosto

Modo de Fazer:

Corte os topos dos tomates de modo a poder rechear o tomate e cobrir com a tampa. Com a ajuda de uma colher, retire a polpa do tomate e reserve em uma tigela. Polvilhe uma colher de chá de açúcar em cada tomate para ajudar a reduzir a acidez.

Aqueça o azeite em uma frigideira grande e cozinhe a carne moída. Adicione a cebola e o alho e cozinhe até ficar transparente. Adicione o bulgur, salsa, polpa do tomate finamente cortada e molho ou extrato de tomate. Tempere com páprica, hortelã, sal e pimenta. Deixe ferver, em seguida, reduza o fogo e cozinhe por 5 minutos.

Arrume os tomates na slowcooker. Recheie-os com a mistura de carne - cada tomate deve ter cerca de 3/4 de espessura. Adicione o caldo de galinha, tampe e cozinhe por 6 horas no baixo.

Folhas de Repolho Recheado com Carne Moída e Arroz

Serve 8

Ingredientes:

450g de carne moída

20-30 folhas de repolho em conserva de tamanho médio

1 cebola em cubos

1 alho-poró, finamente cortado

1/2 xícara de arroz branco

2 colheres de chá de extrato de tomate

2 colheres de sopa de azeite

2 colheres de chá de páprica

1/2 colher de chá de cominho

1 colher de chá de hortelã seca

½ colher de chá de pimenta do reino

Sal a gosto

Modo de Fazer:

Refogue a cebola e o alho-poró no azeite durante cerca de 2-3 minutos. Retire do fogo e adicione a carne, o tomate, a páprica, a menta, o cominho, a pimenta do reino e o arroz lavado e escorrido. Adicione sal apenas se as folhas do repolho não estiverem muito salgadas. Misture tudo muito bem.

Coloque uma folha de repolho em um prato grande com a parte mais grossa mais próxima de você. Coloque 1-2 colheres de chá da mistura de carne e dobre cada borda para criar um pacote apertado parecido com uma salsicha. Coloque na slowcooker em duas ou três camadas. Cubra com algumas folhas de repolho e despeje sobre água fervente para que o nível de água permaneça abaixo da camada superior das folhas de repolho.

Tampe e cozinhe no baixo por 6-9 horas.

Almôndegas em Molho de Tomate
Serve 6

Ingredientes:

900g de carne moída

2 cebolas raladas

1 xícara de pão ralado

1 ovo batido

1/3 xícara de folhas de salsa picadas para as almôndegas

1 cenoura picada

2 dentes de alho cortados

3-4 cogumelos brancos, fatiados

1 pimentão vermelho, cortado

1 lata de tomates, em cubos e não drenados

1/2 xícara de caldo de galinha

1/2 xícara de folhas de salsa, para servir

Modo de Fazer:

Em uma tigela, misture a carne moída, pão ralado, salsa, cebola e ovo. Transforme a mistura em bolinhas de almôndegas.

Em uma slowcooker, misture o molho de tomate com os legumes. Coloque as almôndegas na mistura de molho. Cozinhe no baixo por 6-8 horas.

Bolo de Carne com Legumes
Serve 6-8

Ingredientes:

900g de carne moída

2 ovos levemente batidos

4 batatas grandes, cortadas

5-6 abobrinhas, cortadas

5-6 tomates, cortados

1 xícara de caldo de galinha

3 colheres de sopa de azeite

1/2 xícara de salsa fresca, finamente cortada

2 colheres de chá de sal

1 colher de chá de pimenta do reino

1/2 colher de chá de sal

Modo de Fazer:

Coloque a carne moída, ovos, azeite, salsa, sal e pimenta em uma tigela e misture com as mãos. Faça um pão e organize-o no centro de uma slowcooker.

Descasque e corte batatas e abobrinhas. Faça um purê com os tomates. Organize os legumes ao redor do bolo de carne, tempere com sal, adicione o caldo de galinha e mexa. Cozinhe no baixo por 3-4 horas. Retire o bolo de carne da slowcooker para servir num prato. Corte em pedaços e sirva com legumes.

Bolo de Carne Mediterrâneo

Serve 4

Ingredientes:

450g de carne moída

1/3 xícara de arroz integral

1 cebola roxa pequena ralada

1 cenoura, descascada, ralada

85g de queijo feta, esmigalhado

2 colher de sopa de molho de tomate

1 ovo levemente batido

2 folhas de sopa de manjericão, finamente cortadas

1 abobrinha em fatias finas

1 xícara de tomates cereja

1 dente de alho esmagado

2-3 colheres de sopa de azeite

Modo de Fazer:

Cozinhe o arroz seguindo as instruções da embalagem. Separe para esfriar.

Misture o arroz, cebola, carne moída, cenoura, queijo feta, molho, ovo e manjericão em uma tigela. Transforme a mistura em um bolo e coloque no centro da slowcooker. Coloque abobrinha, tomate e alho em uma tigela. Coloque azeite. Arrume o bolo de carne.

Tampe e cozinhe em fogo baixo por 3-4 horas. Retire o bolo de carne da slowcooker para servir em um prato. Corte em pedaços para servir.

Moussaka de Batata

Serve 4

Ingredientes:

450g de carne moída

1 talo de aipo picado

1 cenoura, descascada, finamente picada

1 cebola picada

2 dentes de alho esmagados

1 xícara de conservas de tomate, escorrido, em cubos

5 batatas, descascadas e cortadas em cubos de 0,5cm

1/2 xícara de folhas de salsa fresca, finamente cortada

3 colheres de sopa de azeite

1 colher de sopa de segurelha ou orégano

1 colher de chá de páprica

2/3 xícara de iogurte

1 ovo levemente batido

Sal e pimenta do reino moída na hora

Modo de Fazer:

Aqueça o óleo em uma frigideira grande em fogo médio-alto. Adicione a carne moída e cozinhe, mexendo, usando uma colher para quebrar os pedaços, por 5 minutos ou até que mude de cor. Transfira para a slowcooker.

Na mesma panela, adicione a cenoura, a cebola, o alho, a salsinha, a páprica e a segurelha e refogue, mexendo, por 10 minutos, ou até que os legumes amoleçam. Transfira para a slowcooker e misture bem com a carne moída.

Lave, descasque e pique as batatas. Agite-os na mistura de carne e vegetais. Misture muito bem, adicione 1/2 xícara de água, mexa novamente. Tampe e cozinhe no alto por 2 horas.

Em uma tigela pequena, misture o iogurte e o ovo, despeje e espalhe uniformemente sobre o Moussaka. Cozinhe por mais 2 horas. Reserve por cinco minutos e sirva com bastante iogurte.

Moussakade Beringela
Serve 6

Ingredientes:

680g de carne moída

3 berinjelas, descascadas e cortadas em rodelas de 1,2cm de espessura

1 cebola grande picada

1/2 colher de chá de canela em pó

1/4 colher de chá de coentro

1/2 xícara de tomate enlatado, não drenado, picado

1/2 xícara de folhas de salsa picadas

4 colheres de sopa de azeite

1 colher de chá de açúcar

1 colher de chá de sal

2/3 xícara de iogurte

1 ovo batido

1 xícara de queijo parmesão

Sal e pimenta preta, a gosto

Modo de Fazer:

Coloque rodelas de berinjela em uma bandeja e polvilhe com bastante sal. Deixe descansar por 30 minutos, depois enxágue com água fria. Esprema o excesso de água e seque.

Aqueça o óleo em uma frigideira em fogo médio alto. Cozinhe a berinjela, em lotes, por 3 a 4 minutos de cada lado, ou até dourar. Transfira para um prato.

Na mesma panela refogue a cebola, mexendo, por 3 a 4 minutos, ou até que amoleça. Adicione o tempero e refogue por mais um minuto até perfumado. Adicione carne moída, alho, açúcar e tomate. Mexa e cozinhe até que a carne não esteja mais rosada.

Arrume metade das fatias de berinjela em uma slowcooker. Cubra com a mistura de carne e organize a berinjela restante. Tampe e cozinhe no alto por 2 horas. Em uma tigela pequena misture o iogurte, ovo e queijo parmesão, despeje e espalhe uniformemente sobre o Moussaka. Assepormais 2 horas. Reserve porcincominutos e sirva.

Moussaka de Abobrinha

Serve 4

Ingredientes:

450g decarne moída

5 abobrinhas, descascadas e cortadas

1/3 xícara de arroz

3-4 dentes de alho cortados

1 cebola grande picada

1/2 xícara de conservas de tomate

1/2 xícara de endro fresco, finamente cortado

2/3 xícara de iogurte

1 ovo levemente batido

4 colheres de sopa de azeite

1 colher de chá de páprica

Sal e pimenta preta, a gosto

Modo de Fazer:

Refogue as cebolas e o alho por um minuto ou dois, mexendo. Adicione a carne moída e cozinhe por 10 minutos até que ela não esteja mais rosada. Adicione tomates, páprica, arroz e endro e mexa.

Arrume metade das fatias de abobrinha em uma slowcooker. Espalhe mistura de carne moída sobre eles. Organize as abobrinhas restantes no topo. Tampe e cozinhe no alto por 2 horas.

Em uma tigela pequena, misture o iogurte e o ovo, despeje e espalhe-o uniformemente sobre o Moussaka de abobrinha. Asse por mais 1 hora. Reserve por cinco minutos e sirva.

Lasanha na Panela de Barro
Serve 8

Ingredientes:

450g decarne moída magra

280g depancetta ou bacon, cortado em pedaços de 0,63cm

1 cebola pequena finamente picada

1 cenoura picada

1 costela de aipo picada

3 dentes de alho esmagados

1/2 xícara de vinho branco seco

1/2 xícara de caldo de galinha

2 latas de tomates, em cubos e não drenados

3 colheres de sopa de tomate

1 colher de sopa de manjericão seco

1/3 xícara de salsa

1/2 colher de chá de pimenta do reino moída

1/4 colher de chá de sal

1 colher de chá de páprica

2 xícaras de queijo mussarela, desfiado

1 xícara de queijo parmesão, desfiado

12 massas de lasanha não cozidas

Modo de Fazer:

Aqueça o azeite em uma panela grande e cozinhe carne moída, pancetta, cebola, cenoura, aipo e alho em fogo médio-alto até que a carne moída fique marrom. Deixe ferver e cozinhe, descoberto, até que o líquido esteja quase evaporado. Junte o vinho e o caldo e continue fervendo até o líquido evaporar. Adicione em páprica, tomate, tomate, salsa, pimenta preta e sal.

Juntemussarela e queijo parmesão em uma tigela média.

Espalhe um terço do molho de carne sobre o fundo de um fogão lento. Cubra com um quarto da mistura de queijo. Cubra com 4 massas, quebradas em pedaços para caber. Repita o molho de carne em camadas, a mistura de queijo e amassa mais duas vezes.

Cubra e cozinhe em fogo baixo por 4-6 horas ou até que a massa esteja macia. Reserve por 10 minutos e sirva.

Lasanha de Carne e Espinafre
Serve 8-10

Ingredientes:

450g decarne moída magra

280g de espinafre congelado, descongelado

1 cebola pequena picada

1 lata de tomates, em cubos e não drenados

4 dentes de alho esmagados

1 colher de chá de manjericão seco

1 colher de chá de orégano seco

2 xícaras de queijo ricota

2 xícaras de queijo mussarela, desfiado

12 massas de lasanha sem cozimento

Modo de Fazer:

Em uma frigideira grande, refogue a cebola por alguns minutos. Adicione a carne e cozinhe em fogo médio até que a carne não fique mais rosada. Adicione os tomates, alho, manjericão e orégano. Cozinhe por 10 minutos. Em uma tigela grande, misture o espinafre descongelado com metade do queijo ricota e mussarela.

Espalhe um terço do molho de carne sobre o fundo da slowcooker. Polvilhe com um quarto da mistura de queijo espinafre. Cubra com a massa quebrada para caber. Repita o molho de carne em camadas, a mistura de espinafre e amassa mais duas vezes.

Tampe e cozinhe no baixo por 4-6 horas. Deixe descansar por pelo menos 10 minutos antes de servir.

Bolonhesa Mediterrânea

Serve 6

Ingredientes:

450g decarne magra moída

1 cebola picada

2 dentes de alho finamente picados

2 colher de sopa de massa de tomate

1 lata de tomates, em cubos, não drenado

1/4 xícara de vinho branco ou tinto seco

1/3 xícara de tomate seco picado

1/4 xícara de azeitonas pretas, sem caroço, cortadas ao meio

1/4 xícara de folhas de manjericão fresco picado

1 colher de chá de orégano seco

500g de espaguete

Queijoparmesão, para servir

Modo de Fazer:

Em uma slowcooker, adicione carne moída, cebola, alho, tomate, tomate, vinho, tomate seco, azeitonas, manjericão e orégano. Tempere com sal e pimenta.

Tampe e cozinhe até que os vegetais estejam macios e a carne esteja cozida, em baixa por 6-7 horas ou em alta por 4-5 horas.

Prepare o espaguete como descrito nas instruções do pacote. Lave, escorra e divida-os entre tigelas. Cubra com o molho e polvilhe com queijo parmesão e folhas frescas de manjericão.

Ensopado de Linguiça e Berinjela

Serve: 4

Ingredientes:

2 berinjelas, descascadas e cortadas em cubos

1 cebola picada

2-3 dentes de alho esmagados

900g de salsichas italianas, cortadas em pedaços

225g de tomates enlatados, não drenados, em cubos

1 colher de sopa de páprica

1 colher de chá de cominho

3 colheres de sopa de azeite

Sal e pimenta a gosto

1/2 xícara de folhas de manjericão fresco, finamente cortada

Modo de Fazer:

Aqueça o azeite em uma frigideira grande e salsichas marrons em todos os lados, cerca de 6 minutos no total. Adicione a cebola e o alho, a páprica, o cominho e a canela e cozinhe por mais 2-3 minutos, mexendo. Transfira para a slowcooker.

Adicione a berinjela e os tomates e mexa. Tampe e cozinhe em baixa por 6-7 horas em alta por 4 horas. Tempere com sal e pimenta, misture o manjericão e sirva.

Linguiça de Peru e Lentilha

Serve 4

Ingredientes:

450g desalsicha de peru defumado magro, cortado em fatias de 2,5cm

1 cebola grande picada

2 dentes de alho esmagados

1 pimentão vermelho fatiado

1 xícara de lentilhas verdes, lavadas

1 xícara de caldo de legumes

1 colher de sopa de hortelã seca

1/2 xícara de salsa finamente cortada, para servir

Modo de Fazer:

Pulverize a slow cooker com spray antiaderente.

Coloque salsichas, cebola, alho e pimenta vermelha em uma slowcooker. Adicione lentilhas, caldo de legumes e hortelã.

Tampe e cozinhe em fogo baixo por 6-7 horas. Sirva polvilhado com salsa fresca.

Assado de Panela Lentamente Cozido
Serve 4

Ingredientes:

900g decarne assada

2 dentes de alho esmagados

1 cebola finamente cortada

1 colher de chá de páprica

1 colher de chá de segurelha

1/2 colher de chá de cominho

4 colheres de sopa de tomate

1 xícara de caldo de galinha

Sal e pimenta do reino, a gosto

Modo de Fazer:

Pulverize a slow cooker com spray antiaderente.

Polvilhe sal e pimenta do reino sobre o assado e coloque na slowcooker.

Em uma tigela, misture o tomate, o caldo de galinha, o alho, a cebola, a páprica, a segurelha e o cominho. Espalhe esta mistura sobre a carne.

Tampe e cozinhe em baixa por 8-10 horas.

Ensopado de Porco Mediterrâneo
Serve 4

Ingredientes:

680g de lombo de porco, cortado em cubos

1 cebola grande picada

1 xícara de cogumelos brancos, cortados

2 dentes de alho finamente picados

1 pimentão verde, sem sementes e cortado em tiras

1 pequena berinjela, descascada e cortada em cubos

1 abobrinha, descascada e cortada

2 tomates picados

½ xícara de caldo de galinha

1 colher de chá de segurelha

1 colher de sopa de páprica

Sal e pimenta do reino, a gosto

Modo de Fazer:

Pulverize a slow cooker com spray antiaderente.

Coloque todos os ingredientes na slowcooker. Cubra e cozinhe em fogo baixo por 7-9 horas. Sirva com purê de batatas ou arroz pilaf.

Ensopado de Porco Marroquino
Serve 4

Ingredientes:

900g deassado de ombro de porco

1cebolapicada

2 dentes de alho finamente picados

1 lata de grão de bico, escorrido

1 lata de tomates em cubos

2 xícaras de abóbora, em cubos

1 xícara de caldo de galinha

1 colher de chá de gengibre moído

1 colher de chá de cominho

1 colher de chá de canela

2 colheres de sopa de páprica

Sal e pimenta do reino, a gosto

Modo de Fazer:

Misture páprica, gengibre, cominho, canela, sal e pimenta do reino em um prato pequeno. Esfregue o ombro de porco assado com mistura de especiarias, revestindo bem. Adicione a abóbora, o grão de bico, o tomate e o caldo ao fundo da slowcooker. Coloque o assado no topo.

Tampe e cozinhe no alto por 4 horas ou até que o assado de porco se desfaça facilmente. Retire o assado para um prato ou uma tábua de cortar, triture a carne com dois garfos e coloque de volta naslowcooker.

Porco Assado com Repolho

Serve 4

Ingredientes:

2 xícaras de carne de porco assada cozida, picada

1/2 cabeça de repolho

1/2 cebola picada

1 limão, suco apenas

1 tomate em cubos

1/2 xícara de caldo de galinha

1 colher de chá de páprica

1/2 colher de chá de cominho

Sal e pimenta do reino, a gosto

Modo de Fazer:

Pulverize a slow cooker com spray antiaderente.

Misture todos os ingredientes naslowcooker. Tampe e cozinhe no baixo por 4-5 horas.

Costeletas de Porco Laranja
Serve 4

Ingredientes:

4 costeletas de porco, cerca de 115g cada

1 cebola em fatias finas

4 dentes de alho esmagados

3 colheres de sopa de azeite

1/4 colher de chá de cominho

1/2 colher de chá de orégano seco

1 colher de chá de pimenta do reino

1 colher de sopa de mel cru

1 xícara de suco de laranja

Modo de Fazer:

Pulverize a slow cooker com spray antiaderente.

Esmague o alho, orégano, pimenta preta e cominho juntos em uma pasta. Esfregue cada costeleta com a pasta de alho e organize-os na slowcooker.

Dilua uma colher de sopa de mel no suco de laranja e despeje sobre as costeletas. Adicione cebolas.

Tampe e cozinhe por 7-9 horas no baixo.

Suculentas Costeletas de Porco

Serve 4

Ingredientes:

4-5 costeletas de porco, cerca de 115g cada

4 dentes de alho esmagados

1 colher de sopa de mel

3 colheres de sopa de azeite

1 colher de sopa de vinagre

1/2 xícara de vinho branco

1 colher de sopa de molho de soja

1 colher de sopa de ketchup

1/2 colher de chá de sálvia seca

1 colher de chá de pimenta preta

1/2 colher de chá de sal

Modo de Fazer:

Pulverize a slow cooker com spray antiaderente.

Em um copo, misture todos os ingredientes líquidos e mexa até ficar bem misturado. Esmague o alho, sálvia, pimenta do reino e sal juntos em uma pasta. Esfregue cada costeleta com a pasta de alho e organize-os na slowcooker.

Despeje a mistura líquida sobre as costeletas. Tampe e cozinhe por 7-9 horasno baixo.

Porco e Cogumelo na Panela de Barro
Serve 4

Ingredientes:

900g de lombo de porco, fatiado

2 xícaras de cogumelos brancos picados

1 sopa de creme de cogumelos

½ xícara de creme azedo

4 colher de sopa de estragão picado

1/2 colher de chá de pimenta do reino

1/2 colher de chá de sal

Modo de Fazer:

Pulverize a slow cooker com spray antiaderente.

Misture todos os ingredientes naslowcooker. Tampe e cozinhe no baixo por 7-9 horas.

Guisado de Berinjela e Grão de Bico

Serve: 4

Ingredientes:

2-3 berinjelas, descascadas e cortadas em cubos

1 cebola picada

2-3 dentes de alho esmagados

225g de grão de bico enlatado, escorrido

225g de tomates enlatados, não drenados, em cubos

1 colher de sopa de páprica

1/2 colher de chá de canela

1 colher de chá de cominho

3 colheres de sopa de azeite

Sal e pimenta a gosto

Modo de Fazer:

Pulverize a slow cooker com spray antiaderente.

Aqueça o azeite em uma frigideira grande e refogue a cebola e o alho esmagado por 1-2 minutos, mexendo. Acrescente a páprica, o cominho e a canela. Transfira para a slowcooker.

Adicione em berinjela, tomate e grão de bico. Tampe e cozinhe em baixa por 6-7 horas ou cerca de 4 horas em alta.

Berinjela e Tomate na Panela de Barro
Serve: 4

Ingredientes:

2 berinjelas, descascadas e cortadas em cubos

1 cebola grande picada

2 cenouras picadas

1 costela de aipo picada

2-3 dentes de alho esmagados

1 lata de grão de bico, enxaguada e escorrida

225g de tomates enlatados, não drenados, em cubos

1 colher de sopa de páprica

2 folhas de louro

1 colher de chá de manjericão seco

Sal e pimenta a gosto

Modo de Fazer:

Pulverize a panela de barro com spray antiaderente.

Misture todos os ingredientes na panela de barro.

Tampe e cozinhe em baixa por 6-7 horas ou cerca de 4 horas em alta. Descarte as folhas de louro antes de servir.

Ensopado Mediterrâneo na SlowCooker
Serve: 6

Ingredientes:

1 abóbora manteiga, descascada, sem sementes e em cubos

2 tomates em cubos

2 cenouras picadas

1 cebola picada

1 abobrinha, descascada e cortada

1 berinjela, descascada e cortada em cubos

1 costela de aipo picada

1 xícara de ervilhas verdes congeladas

1/3 xícara de passas

1 pode molho de tomate

1 colher de chá de açúcar

1 colher de sopa de páprica

1/2 colher de chá de cominho

1/2 colher de chá de açafrão

1 colher de chá de pimenta do reino

1colher de chá de sal

1/2 xícara de salsa, finamente cortada, para servir

Modo de Fazer:

Em uma slowcooker, misture abóbora manteiga, berinjela, abobrinha, ervilhas, molho de tomate, cebola, aipo, tomate, cenoura e passas. Tempere com sal e pimenta do reino, acrescente páprica, açúcar, cominho e açafrão e mexa para misturar.

Tampe e cozinhe em baixa por 6-7 horas ou 4 horas em alta. Sirva polvilhado com salsa.

Pimentão Recheado com Arroz
Serve 4-5

Ingredientes:

8 pimentões, sem caroço e sem sementes

11/2 xícaras de arroz

2 cebolas picadas

1 tomate picado

1/2 xícara de salsa fresca picada

2 xícaras de água morna

3 colheres de sopa de azeite

1 colher de sopa de páprica

Sal e pimenta a gosto

Modo de Fazer:

Aqueça o azeite e refogue as cebolas por 2-3 minutos. Acrescente a páprica, o arroz, o tomate picado e tempere com sal e pimenta. Adicione ½ xícara de água quente e cozinhe o arroz, mexendo, até que a água seja absorvida.

Recheie cada pimentão com uma mistura de arroz com uma colher. Cada pimentão deve estar ¾ cheio. Arrume os pimentões em uma slowcooker e complete com a água morna restante.

Tampe e cozinhe por 5-6 horas em baixa.

Pimentão Recheado com Feijão

Serve 5

Ingredientes:

10 pimentões vermelhos secos

1 xícara de feijão branco seco

1 cebola finamente cortada

3 dentes de alho picados

2 colheres de sopa de farinha

1 cenoura picada

1 xícara de salsa fresca, finamente cortada

1/2 xícara de nozes trituradas

1 xícara de caldo de legumes

1 colher de chá de páprica

Sal a gosto

Modo de Fazer:

Coloque os pimentões secos em água morna e deixe por 1 hora.

Cozinhe os feijões. Refogue delicadamente a cebola e a cenoura e misture com os feijões cozidos. Adicione a salsa e as nozes finamente picadas. Mexa.

Escorra os pimentões, em seguida, encha-os com a mistura de feijão e coloque em umaslowcooker, cobrindo as aberturas com farinha para selá-los. Adicione o caldo de legumes.

Tampe e cozinhe no baixo por 4-5 horas.

Folhas de Videira Recheadas
Serve: 6

Ingredientes:

42g defolhas de videira, enlatadas

2 xícaras de arroz

2 cebolas picadas

2-3 dentes de alho picados

1/2 xícara de groselha

1/2 xícara de salsa fresca, finamente cortada

1/2 xícara de endro fresco, finamente cortado

1 limão, suco apenas

1 colher de chá de hortelã seca

1 colher de chá de sal

1/2 colher de chá de pimenta do reino

6 colheres de sopa de azeite

Modo de Fazer:

Aqueça 3 colheres de azeite em uma frigideira e refogue a cebola e o alho até dourar. Adicione o arroz lavado e escorrido, a groselha, endro e salsa e refogue, mexendo. Adicione o suco de limão, pimenta do reino, hortelã seca e sal.

Coloque uma folha de videira sobre uma tábua de cortar, com o caule virado para você e a veia virada para cima. Coloque cerca de 1 colher de chá de recheio no centro da folha e na direção da borda inferior. Dobre a parte inferior da folha sobre o recheio e, em seguida, desenhe os lados para dentro e para o meio, enrolando a folha para cima. As folhas da videira devem estar bem dobradas, formando um pacote limpo. O recheio deve estar compacto e uniformemente distribuído.

Arrume as folhas de videira recheadas em uma slowcooker, embalando-as bem juntas. Despeje um pouco de água, até um pouco abaixo do nível das folhas recheadas. Tampe e cozinhe no baixo por 5-6 horas. Sirva quente ou frio.

Folhas de Repolho Recheadas
Serve: 8

Ingredientes:

20-30 folhas de repolho em conserva

1 cebola finamente cortada

2 alho-poró picado

1 1/2 xícara de arroz branco

1/2 xícara de groselha

1/2 xícara de amêndoas, descascadas e picadas

2 colheres de chá de páprica

1 colher de sopa de hortelã seca

1/2 colher de chá de pimenta preta

½ xícara de azeite

Sal a gosto

Modo de Fazer:

Refogue a cebola e o alho-poró no azeite por cerca de 2-3 minutos. Junte a páprica, a pimenta do reino e o arroz e continue refogando até que o arroz esteja translúcido. Retire do fogo e junte a groselha, as amêndoas picadas e a hortelã. Adicione sal apenas se as folhas do repolho não estiverem muito salgadas.

Coloque uma folha de repolho em um prato grande com a parte mais grossa mais próxima de você. Colher 1-2 colheres de chá da mistura de arroz e dobre sobre cada borda para criar um pacote parecido com uma salsicha. Coloque na slowcooker, fazendo duas ou três camadas. Cubra com algumas folhas de repolho e despeje sobre água fervente para que o nível de água permaneça abaixo da camada superior das folhas de repolho.

Tampe e cozinhe no baixo por 6-8 horas.

Pilaf de Quinoa Vegetal

Serve 6

Ingredientes:

1 xícara dequinoa

2 xícaras de caldo de legumes

1 pimentão vermelho picado

1 pequena berinjela, descascada e picada

1 abobrinha, descascada e picada

2 cebolinhas, finamente cortadas

2 dentes de alho cortados

1 colher de chá de orégano seco

Sal e pimenta a gosto

1/2 xícara de queijo parmesão ralado, para servir

Modo de Fazer:

Em uma slowcooker, coloque a quinoa e o caldo e cubra com os ingredientes restantes.

Tampe e cozinhe no alto por 3-4 horas ou no baixo por 5-6 horas. Amoleça com um garfo, cubra com queijo parmesão e sal e pimenta, se desejar. Sirva imediatamente.

Café da Manhã e Sobremesas na SlowCooker

Café da Manhã Caramelizado com Maçã e Quinoana SlowCooker

Serve: 4-5

Ingredientes:

6 maçãs grandes, descascadas e picadas

1/2 xícara de açúcar mascavo

2 ovos

2 xícaras de leite

Uma pitada de sal

1/2 xícara de quinoa, lavada

1 xícara de aveia de corte de aço

2 xícaras de água

2 colheres de sopa de suco de limão

1colher de sopa de canela

1/2 colher de chá de baunilha

Modo de Fazer:

Pulverize a slow cooker com spray antiaderente.

Camada de maçãs, açúcar mascavo, sal, canela, baunilha e suco de limão na slowcookeruntado. Não mexa.

Em uma tigela, bata os ovos no leite até ficar homogêneo. Adicione a água e bata novamente. Adicione a aveia e quinoa e mexa para misturar. Despeje sobre a mistura de maçã.

Cozinhe em baixa por 6-7 horas ou em alta por 3 horas.

Pão de Banana com Aveia
Serve: 4-5

Ingredientes:

3 bananas, descascadas e picadas

2 colheres de sopa de açúcar mascavo

1 xícara de aveia grossa

2 colheres de sopa de sementes de chia

2 colheres de sopa de semente de linhaça moída

3 colheres de sopa de passas ou tâmaras picadas

2 xícaras de leite

2 xícaras de água

1/2 colher de chá de canela

1/2 colher de chá de baunilha

Modo de Fazer:

Pulverize a slow cooker com spray antiaderente.

Coloque todos os ingredientes em uma slowcooker, mexa, tampe e cozinhe em alta por 3 horas, mexendo ocasionalmente.

Omelete de Legumes Mediterrâneos
Serve 5-6

Ingredientes:

1 cebola pequena, finamente cortada

1 pimentão verde picado

3 tomates em cubos

1 dente de alho esmagado

6-7 ovos batidos

1/2 xícara de queijo feta, desintegrado

4 colheres de sopa de leite

1/2 xícara de salsa finamente cortada

Pimenta do reino, a gosto

Sal a gosto

Modo de Fazer:

Pulverize a slow cooker com spray antiaderente.

Em uma tigela, misture os ovos, leite, queijo feta, sal e pimenta e mexa bem. Adicione a cebola, o alho, o tomate e a pimenta à slowcookere acrescente a mistura de queijo ao ovo.

Tampe e cozinhe no alto por 2 horas. Comece a verificar a 1 hora e 30 minutos. Omelete estará pronto quando os ovos estiverem bem cozidos. Polvilhe com salsa e sirva.

Omelete Mediterrânea com Erva-Doce, Azeitonas e Endro

Serve 5-6

Ingredientes:

1 cebola pequena, finamente cortada

2 xícaras de erva-doce fresca em fatias finas

2 tomates em cubos

1/4 xícara de azeitonas verdes, picadas e picadas

6-7 ovos batidos

1/2 xícara de queijo feta, desintegrado

3 colheres de sopa de leite

3 colher de sopa de endro finamente cortado

Pimenta preta, a gosto

Sal a gosto

Modo de Fazer:

Pulverize a slow cooker com spray antiaderente.

Em uma tigela, misture os ovos, leite, queijo feta, endro, sal e pimenta e mexa bem.

Acrescente cebola, tomates, erva-doce e azeitonas a slowcooker e misture a mistura de queijo com ovo.

Tampe e cozinhe no alto por 2 horas. Verifique a 1 hora e 30 minutos se os ovos estão cozidos.

Omelete com Espinafre, Pimenta Assada e Feta na SlowCooker

Serve 5-6

Ingredientes:

2-3 cebolas verdes, finamente picadas

140g de espinafre

3 pimentões vermelhos assados

8 ovos batidos

1/2 xícara de queijo feta, desintegrado

3 colheres de sopa de leite

1 colher de sopa deendro finamente cortado

Pimenta preta, a gosto

Sal a gosto

Modo de Fazer:

Em uma frigideira, refogue o espinafre no azeite por 2-3 minutos ou até que murche.

Pulverize a slow cooker com spray antiaderente.

Em uma tigela, misture os ovos, leite, queijo feta, endro, sal e pimenta e mexa bem.

Adicione o espinafre, cebola verde e pimenta assada à slowcooker e misture a mistura de ovo com queijo.

Tampe e cozinhe no alto por 2-3 horas. Verifique às 2 horas se os ovos estão prontos.

Maçãs comCanela na SlowCooker

Serve 4

Ingredientes:

8 maçãs de tamanho médio, descascadas, cortadas em oitavos

1/3 xícara de nozes picadas

3/4 xícara de açúcar mascavo

3 colheres de sopa de xarope de bordo

3 colheres de sopa de passas

4-5 damascos secos picados

2 colheres de chá de canela

5g de manteiga derretida

2 colheres de sopa de suco de limão

3 colheres de sopa de água

Modo de Fazer:

Pulverize a slow cooker com spray antiaderente.

Emumaslowcooker, coloque maçãs e cubra com suco de limão. Adicione açúcar mascavo, nozes, xarope de bordo, passas, damascos, manteiga derretida e canela. Mexa para misturar.

Tampe e cozinhe no baixo por 4-5 horas.

Arroz Doce na SlowCooker

Serve 4

Ingredientes:

1/2 xícara de arroz branco de grão curto

6 colheres de sopa de açúcar

1-1/4 xícara de leite

2 ovos levemente batidos

1 pau de canela

1 tira de casca de limão

Pistaches, para servir

Modo de Fazer:

Em uma slowcooker, misture os seis primeiros ingredientes. Tampe e cozinhe no baixo por 2 horas. Mexa, tampe e cozinhe por 1-2 horas a mais ou até que o arroz esteja macio. Quando estiver pronto, descarte o pau de canela e as raspas de limão. Sirvapolvilhado com pistache.

Parte 2

Instruções

A sua geladeira sempre tem sobras de comida que você nunca terminou? Suas bacias ficam com mofo de carnes e vegetais frescos? Se a sua resposta for sim, então este livro é exatamente o que você está procurando. O Desafio de 30 dias de comidas de na Panela Elétrica para Dois, oferece receitas simples e saudável e deliciosa, tudo desenvolvido para casais sem filhos ou até mesmo profissionais ocupados, com isso em mente, preparamos não mais de duas poções por receita. Com esse livro de receita, você pode embarcar no Desafio de 30 dias, com o seu marido, parceiro ou até mesmo sozinho.

Em cada receita use apenas alimentos frescos, além de alimentos sem conservantes para não causar intoxicação, ganho de peso e alergias. Você pode literalmente colocar tudo na panela elétrica e deixar na temperatura baixa durante a manhã, e esquecer lá. Não tem nada melhor do que chegar em casa no final de um longo dia, sabendo que você terá uma comina quente saudável e cheio de nutrientes. Além disso não terá que sentir culpa de comer. Você além de se alimentar de forma saudável, com comidas vibrantes, mas parará de desperdiçar sobras de comida jogando no lixo. Todas as receitas foram experimentadas e testadas e oferecem algo até para as pessoas mais exigentes!

Comer alimentos integrais é uma das maneiras mais beneficentes para rejuvenescer o seu corpo. Incontáveis estudos provam que plantas, carnes e dieta a base de peixe oferecem uma quantidade de proteínas, gordura saudável, carboidratos, vitaminas e minerais. Pode afastar doenças do estomago, reduzir peso (Que pode eventualmente te deixar suscetível a diabetes, câncer e problemas do coração), e certificar que o seu cérebro está criando o nível certo de hormônios, que pode afetar em como você dorme até quantas calorias você queima por todo dia (que está "descanse-o").

Aqueles que se concentram em uma dieta alimentar integral relatam os seguintes benefícios após a mudança, assegure-se de eliminar todos os alimentos processados e açucarados de sua dieta:

Menos indigestão e melhor capacidade de metabolizar os alimentos

Comidas integrais são cheias de fibras, que podem ajudar você na digestão e promover a regularidade. Fibras também te mantem satisfeito por mais tempo, fazendo com que você não coma besteiras e coisas não saudáveis depois.

Melhor Sono

Queo você resiste à tentação de encontrar açúcar — as vezes completamente eliminada neste livro de dieta de comida integral — Você descobrirá que seu corpo tem maior probabilidade de regular os seus hormônios, permitindo que você durma profundamente durante a noite.

Mais felicidade e tranquilidade

Comer sem pensar acontece com frequência que você está estressado, queo seu açúcar no sangue sobe e depois desce (com resultado de muito açúcar), e que você não consegue diferenciar entre fome emocional e fome de verdade. Que você focar em comidas integrais, você não irá dar ao seu corpo este falso "pico" de quantidade de alimentos processados. Seu corpo voltará ao natural, exatamente o que precisa, o que deixa o açúcar no sangue mais estabilizado e tranquilidade.

Boa sorte a você que inseriu alimentos integrais na sua dieta, construindo uma melhor relação com a comida, e se satisfazer com nutrição, apesar da sua agenda lotada. Este livro é designado para casais sem filho, fornecendo receitas saudáveis, nutritivas com apenas duas porções por receita! Não precisa de longas lista de compras ou desperdício de jantar, agora você pode economizar tempo e dinheiro preparando jantares deliciosos e saudáveis para dois em qualquer dia da semana.

Couve e Alho-Poró

Receita rende 2 porções
Tempo de preparo: 6 horas

Ingredientes:
1/2 xícara de couve picada
1 colhes de sopa de óleo de coco
1/2 xícara de alho-poró fatiado
1 colher de chá de alho picado
4 ovos
3/4 xícara de carne moída xícara
1/2 xícara de batata doce ralada

Modo de preparo:
Primeiramente, coloque o óleo de coco em uma frigideira, e derreta em

temperatura médio. Depois que derreter, adicione o alho, couve e o alho-poró. Refogue a mistura por cinco minutos

Então, ao lado, misture os ovos, batata doce, carne moída e os legumes misturados, depois cozinhe eles.

Depois, coloque a mistura em uma panela elétrica, cozinhe na temperatura baixa por 6 horas.

Depois, a parte de cima da caçarola do café da manhã deve estar levemente crocante. Sirva a caçarola no café da quente, e aproveite!

Caçarola de Cogumelo e Carne Apimentada

Receita rende 2 porções.
Tempo de preparo: 5 horas

Ingredientes:

4 ovos
1/4 xícara de leite de coco
2 cogumelos fatiados
2 linguiças sem as tripas
1/2 cebola picada em cubos
1 dente de alho picado
1/4 pimentão em cubo
3/4 xícara de batata doce ralada
1 colher de sopa de azeite de oliva
1/2 colher de chá de sal marinho
1/2 colher de chá de pimento preta

Modo de prepare.
Primeiro, coloque o azeite de coloque em uma frigideira, e deixe aquecer em fogo médio, Quando estiver quente, coloque a cebola, o alho e deixe cozinhar por 2 minutos, mexendo de vez em quando.

Então, adicione as linguiças, e corte em pedaços e deixe cozinhar por 4 minutos.

Depois, coloque as batatas doce no fundo da panela elétrica. Adicione a cebola e a linguiça por cima, junto com o cogumelo e o pimentão.

Separadamente, misture o leite de coco com os ovos, com sal e pimento. Coloque esta mistura por cima dos outros vegetais

Cozinhe a mistura em temperatura baixa por 5 horas, e sirva quente.

Carne Enrolada

Receita rende 2 porções
Tempo de preparo: Aproximadamente 2.5 horas

Ingredientes:
220g de carne de porco moída
1/2 colher de sopa de óleo de coco
1 colher de sopa de farinha de amêndoas
1 ovo
1/2 xícara de cebola em cubos
1/2 colher de semente de funcho
1/2 colher de chá de orégano seco
1/2 colher de chá de tomilho seco
1/2 colher de chá de sálvia
1/2 colher de chá de pimento preta
1/2 colher de chá de páprica

1/2 colher de chá de alho em pó

Modo de prepare:
Primeiro, coloque o óleo de coco em uma frigideira em fogo médio. Coloque a cebola no óleo de coco depois de derreter, deixe cozinhando por 3 minutos, ou até você ver que está bom, tire a cebola da frigideira.

Depois, coloque o restante dos Ingredientes – o ovo, a farinha de amêndoas, semente de funcho, orégano, tomilho, sálvia, pimento preta, páprica, e o alho em pó em uma bacia e, misture bem.

Agora, coloque a carne de porco moída e a cebola em uma bacia, use a sua mão para misturar tudo junto, tenha certeza de misturar tudo muito bem.

Depois, pegue a mistura e coloque no meio da panela elétrica. Tenha certeza que tenha um espaço entre a forma e o pão e as bordas da panela elétrica

Depois, certifique-se que a parte de cima do bolo de carne esteja liso, e com alguns tapas, feche a tampa da panela elétrica.

Cozinhe o bolo de carne na temperatura mais baixa, até o bolo de carne chegar a temperatura (utilize um termômetro, no centro) deve estar 65,5° Celsius. Isso deve levar ao menos 2 horas, porém pode levar um pouco mais – depende. Apenas tenha certeza de checar a temperatura interior

Deixe o bolo de carne descansar por 30 minutos na panela desligada antes de colocar no prato para server.

Sirva o bolo de carne a qualquer momento, ou depois que esfriar durante a noite e fatie ele no café da manhã. Você pode esquentar cada pedaço separadamente em uma frigideira, com óleo de coco ou outro tipo de óleo, em fogo médio de um à dois minutos em cada lado.

Comida Integral, Sem Aveia

Receita rende 2 porções.
Tempo de preparo: 7 horas

Nota: Essa receita funcionará melhor se você deixar as nozes de molho. Tenha certeza de deixar elas de molho durante a noite antes de fazer essa receita!

Você também precisará de um espremedor de batata.

Ingredientes:
1 1/2 Maçã, descascada e em cubos
1/3 xícara de noz crua
1/3 xícara de amêndoas cruas
1/2 colher de chá de noz-moscada
1/2 colher de chá de canela
3/4 abobora de pescoço, descascada e cortada em cubos
3/4 xícara de leite de coco

Modo de preparo:

Primeiro, cubra as nozes e amêndoas com agua e deixe de lado, deixe de molho por no mínimo 12 horas.

Sem seguida, escorra a agua das nozes e amêndoas, e coloque-as no processador. Processe tudo até que vire tipo uma "farinha".

Depois, adicione as maçãs, canela, noz-moscada, amêndoas, óleo de coco, e a abobora na panela elétrica.

Coloque a tampa da panela elétrica, e cozinhe em temperatura baixa, e cozinhe por 7 horas. Depois use o seu espremedor de batata para amassar toda a mistura até você conseguir a textura de aveia.

Sirva quente com a sua cobertura integral favorito, por exemplo, raspas de coco ou leite de coco.

Maçãs Recheadas com Figos

Receita rende 2 porções.

Tempo de preparo: 1 hora e 15 minutos

Ingredientes:
2 Maçãs Granny Smith
2 Figos secos fatiados
1/8 colher de chá de noz-moscada
1/4 colher de chá de canela
1/2 colher de chá de raspas de limão
1/4 colher de chá de raspas de laranja
1/8 xícara picada noz pecan
1/8 colher de chá de sal
1/2 colher de sopa de suco de limão
1/2 colher de chá de óleo de coco
1/2 xícara agua
1/2 colher de chá de canela (para deixar as maçãs de molho)

Modo de preparo:
Primeiro, misture os figos, noz-moscada, canela, raspas de limão, raspas de laranja, noz pecan cortada e o sal. Depois coloque o óleo de coco para derreter e o suco de limão.

Remova o centro da maçã Granny Smith, e preencha as maçãs com o recheio.

Esprema o resto do suco do limão por cima das maçãs.

Depois, coloque a agua na panela elétrica, junto com a canela. Adicione as maçãs no centro da panela, e cozinhe na temperatura alta, por 1h15 minutos.

Sirva as maçãs quente, e aproveite.

Fricassê de Batata Doce

Receita rende 2 porções.
Tempo de preparo: 4 horas

Ingredientes:
1 Pimentão laranja cortado em cubos
1 Pimentão amarelo cortado em cubos
1 Batata doce, cortada em cubos
1/4 Abobora de pescoço, cortada em cubos
1 colher de chá de mostarda em pó
1/2 colher de chá de tomilho
1/2 colher de chá de alho em pó
2 Tomates, cortado em cubos

1 colher de chá de sal
2 colher de sopa de óleo de coco
1 colher de chá de pimenta

Modo de preparo:
Corte todos os vegetais em cubos, e coloque eles no fundo da panela elétrica.

Adicione os temperos e o óleo de coco. Mexa bem. Depois, coloque a panela elétrica na temperatura baixa e deixe cozinhar por 4 horas, mexendo de vez em quando

Sirva o fricassê quente, e aproveite.

Café da Manhã do Sul da Fronteira Mexicana

Receita rende 2 porções.
Tempo de preparo: 6 horas

Ingredientes:
4 ovos, mexidos
120 gramas de bacon de peru
1/2 colher de sopa óleo de coco
1/2 batata doce em cubos
1/2 cebola em cubos
115 gramas de cogumelo picado
1/2 pimentão vermelho em cubos
1 colher de chá de pimenta em pó
1 colher de chá de alho em pó
1/2 colher de chá de Páprica
1/4 colher de chá de Orégano seco
1/2 colher de chá de sal

Modo de preparo:
Primeiro, adicione o bacon de peru na frigideira e frite ele no óleo de coco, até ficar crocante. Retire o bacon da frigideira e coloque em um prato separado. Quando

estiver frio o suficiente para tocar, seque ele.

Adicione a cebola na frigideira, e cozinhe até ela ficar macia. Depois, coloque a batata doce, cogumelo, pimentão vermelho, bacon, e os ovos na panela elétrica. Mexa bem a mistura.

Em seguida, coloque os temperos - pimenta em pó, alho em pó, páprica, orégano, e o sal, na mistura, mexa vem até dissolver completamente.

Cozinho o café da manhã na temperatura baixa por 6 horas. Depois, corte e sirva quente.

Sopas, Chili e Guisados Integral na Panela Elétrica para dois

Sopa de Frango Couve e Vegetais

Receita rende 2 porções.
Tempo de preparo: 6 horas

Ingredientes:
2 xícaras de frango desfiado
1 limão
3 xícaras caldo de ossos
1 colher de sopa de suco de limão
1/4 xícara azeite de oliva
1/2 cebola em cubos
1/2 colher de chá de sal marinho
1/2 colher de chá de pimenta preta
1/2 Couve

Modo de preparo:
Primeiro, lave a couve e corte em tiras.

Depois, adicione o azeite de oliva, o caldo de ossos, e a cebola em um liquidificador, e bate por mais ou menos 1 minuto, ou até ficar cremoso.

Depois, adicione a mistura na panela elétrica, enquanto a couve, o frango, raspas de limão e o suco do limão. Para finalizar, adicione um pouco de sal e pimento a gosto, e mexa bem.

Coloca a sopa para cozinhar na temperatura baixa por 6 horas, mexa de vez em quando.

Sirva quente e aproveite.

Sopa de Maçã Abobora de Pescoço

Receita rende 2 porções.
Tempo de preparo: 6 horas

Ingredientes:

3 xícaras de abobora de pescoço picada
1 xícara de caldo de legumes
1 maçã descascada e cortada em cubos
1 cabeça de alho picada
1/2 cebola cortada em cubos
1 cenoura cortada em cubos
1/2 colher de chá de pimenta preta
1/2 colher de chá de tomilho seco
1/2 colher de chá de sal marinho
1/2 colher de chá de pimenta
1/2 xícara leite de amêndoas

Modo de preparo:
Primeiro, corte em cubos a abobora, maçã, cenoura e a cebola. Adicione eles no caldo de legumes, alho e os temperos na panela elétrica. Cozinhe na temperatura baixa por 6 horas.

Nesse ponto, coloque o leite de amêndoas, e mexa bem.

Depois, adicione a sopa no liquidificador, e bate até atingir a consistência de sopa.

Coloque o sal marinho, e a pimento preta a gosto, e sirva quente.

Sopa Vegetariana de Açafrão

Receita rende 2 porções.
Tempo de preparo: 5 horas

Ingredientes:
1 1/2 xícara de tomates em cubos
1/2 xícara de cenouras em cubos
1/2 cebola em cubos
1/2 colher de sopa de açafrão
2 xícaras caldo de ossos
1/4 xícara de aipo cortado em cubos
1/2 colher de chá de orégano
1/2 colher de chá de manjericão
1/2 colher de chá de sal marinho
1/2 lata de leite de coco

Modo de preparo:
Primeiro, misture junto os tomates, cenoura, cebola, açafrão, caldo de ossos, aipo, orégano, manjericão, e o sal marinho, na sua panela elétrica. Depois que misturar bem, coloque a tampa na

panela elétrica, e cozinhe na temperatura alta por 4 horas.

Em seguida, use um mixer por imersão para bater a sopa até que ela fique com uma consistência suave. Você usar um liquidificador normal, mas cuidado ao colocar ela no copo.

Depois, adicione o leite de coco na sopa e misture bem por 3 minutos, apenas se assegure que tudo esteja misturado.

Sirva a sopa quente e aproveite.

Chili Claro de Batata Doce Apimentada

Receita rende 2 porções.
Tempo de preparo: 7 horas

Ingredientes:
340g de frango
1 xícara caldo de ossos
1/2 batata doce em cubo
55g de pimenta verde em cubos

1/2 colher de sopa jalapeños cortada em cubos
1/4 colher de chá de pimenta vermelha em pó
1/2 colher de chá de orégano
1 colher de chá de cominho
1/2 colher de chá de sal
1/4 colher de chá de pimenta preta
2 cabeças de alho picada
1/8 colher de chá de pimenta Cayenne
1/2 colher de sopa suco de limão
1/2 colher de sopa de ghee
1/4 xícara de creme de leite de coco

Modo de preparo:
Primeiro, coloque o frango na panela elétrica. Adicione a batata doce em cubos, pimenta verde, caldo de ossos, cebola, jalapeños, e o alho. Adicione o sal e a pimenta junto com os outros temperos: pimenta vermelha em pó, orégano, cominho, e Cayenne. Mexa bem.

Coloque a tampa na panela elétrica e cozinhe na temperatura alta por 4 horas, ou na temperatura baixa por 7 horas.

Depois, remova o frango da panela elétrica e deixe de lado.

Agora, adicione o creme de leite de coco, ghee, e o suco de limão na panela elétrica e mexa bem. Cubra a panela elétrica e cozinhe na temperatura alta por 15 minutos.

Enquanto o molho cozinha, desfie o frango use-o dois garfos. Adicione ele de volta a panela, e cozinho por mais 10 minutos, mexendo de vez em quando.

Sirva quente, e aproveite.

Sopa Vegetariana Macaco Robusto

Receita rende 2 porções.
Tempo de preparo: 4 horas

Ingredientes:
1 xícara de tomate em cubos
1 1/2 xícara de caldo de vegetal

1 talo de aipo picado
1 cenoura picada
1/3 xícara feijão verde picado
1/2 batata doce picada
2 dentes de alho picado
1/2 colher de chá de salsa seca
1/2 cebola em cubos
1/2 colher de chá de sal marinho

Modo de preparo:
Primeiro, coloque os tomates, aipo, cenoura, feijão verde, batata doce, alho, salsa seca, e o caldo de vegetais na panela elétrica e mexa bem. Tempere com o sal marinho.

Coloque a tampa na panela e cozinhe na temperatura alta por 4 horas. Os vegetais devem ficar moles.

Sirva a sopa quente, e aproveite.

Bacon de Peru e Sopa de Batata Doce

Receita rende 2 porções.
Tempo de preparo: 5 horas

Ingredientes:
3 xícaras de caldo de ossos
1/2 xícara de batata doce picada
1 xícara de raspas de couve de bruxelas
1 xícara de cogumelo fatiado
3 pedaços de bacon de peru, cortado em pedaços pequenos
1/2 colher de chá de sal marinho
1/2 colher de chá de pimenta preta
1/2 colher de sopa de mostarda de Dijon

Modo de preparo:
Primeiro, coloque o bacon em uma frigideira até que fique crocante. Deixe esfriar por alguns minutos, então corte em pedaços pequenos.

Depois, corte a batata doce, raspe a couve de bruxelas e o cogumelo fatiado.

Depois, coloque os pedaços de batata doce em um pote médio. Adicione uma colher de sopa de agua no pote, e cozinhe por 90 segundos no micro-ondas.

Então, adicione o bacon, os outros vegetais, e o caldo do pote no pote com batatas doce. Misture bem. Coloque a mistura na panela elétrica.

Depois, coloque o sal marinho, pimento preta e a mostarda Dijon, e misture bem. Coloque a tampa e cozinhe na temperatura baixa por 5 horas.

Por fim, remova a tampa, mexa bem e coloque sal e pimento a gosto. Sirva a sopa quente e aproveite.

Sopa de Salmão e Alho-Poró

Receita rende 2 porções.
Tempo de preparo: 1 hora e 30 minutos

Ingredientes:
1 colher de sopa óleo de coco
2 Alho-poró fatiado
2 dentes de alho picado

3 xícaras de caldo de frango
225g de salmão, cortado em pequenos pedaços
1 xícara de leite de coco
1 colher de chá de sal
1 colher de chá de pimenta preta

Modo de preparo:
Primeiro, adicione o óleo de coco na frigideira, derretendo em fogo médio.

Coloque o alho e o alho-poró na frigideira e cozinhe até que eles fiquem suave, mais ou menos 4 ou 5 minutos.

Depois, adicione o alho-poró e o alho na panela elétrica. Cubra com o caldo de frango e sal e pimenta. Coloque a tampa da panela elétrica e cozinhe na temperatura baixa por 1 hora.

Por último, adicione o leite de coco, os pedaços de salmão na panela elétrica. Coloque a tampa de volta e cozinhe na temperatura baixa por mais 30 minutos, ou até o peixe ficar macio e opaco.

Sirva quente e aproveite.

Sopa Tailandesa com Peru e Abobora de Pescoço

Receita rende 2 porções.
Tempo de preparo: Entre 5 e 7 horas

Ingredientes:
400g de leite de coco
1 xícara de peito de peru pré-cozido e fatiado
1 xícara de abobora de pescoço descascada e cortada em cubos
2 xícaras de caldo de frango
1/2 pimentão vermelho fatiado
1/2 xícara de feijão verde picado
1 colher de sopa de pasta vermelha de curry
1/2 cebola em cubos
1 limão, fatiado em rodelas

Modo de preparo:

Primeiro, adicione o leite de coco, peito de peru, abobora de pescoço, caldo de frango, pimento vermelha, feijão verde, pasta vermelha de curry, e a cebola na panela elétrica, e mexa bem.

Cubra a panela elétrica e cozinhe na temperatura alta por 5 horas. Os vegetais devem estar macio. Saiba que se você precisar sair, você pode colocar na temperatura baixa por 7 ou 8 horas sem estragar seus vegetais ou sua comida.

Nesse ponto, sirva a sopa quente, com algumas fatias de limão por cima.

Chili com Batata Doce

Receita rende 2 porções.
Tempo de preparo: 6 horas

Ingredientes:
226g de carne moída
280g de molho de tomate
220g de tomate em cubos

1 xícara de batata doce descascada e em cubos
1 xícara de caldo de carne
1/2 cebola em cubos
1 dente de alho picado
1 colher de sopa chili em pó
1 colher de chá de sal
1/2 colher de chá de pimenta preta
1/8 colher de chá de orégano

Modo de preparo:
Primeiro, coloque a carne moída emuma frigideira e cozinhe em fogo médio até que suma o rosa. Depois retire o excesso de gordura da frigideira e adicione a carne moída na frigideira elétrica, sem a gordura.

Coloque os tomates, molho de tomate, batata doce, caldo de carne, cebola, alho, chili em pó, sal, pimento preta e orégano na panela elétrica, e mexa bem.

Cozinhe na temperatura baixa por 6 horas ou no alto por 3 horas. Após isso, mexa e sirva o chili quente.

Ensopado de Porco com Cury e Leite de Coco

Receita rende 2 porções.
Tempo de preparo: 4 horas

Ingredientes:
450g de carne de porco, fatiada em (mais ou menos 5 cm)
1 colher de sopa óleo de coco
1/2 colher de sopa curry em pó
1 colher de sopa de gengibre picado
1 dente de alho picado
1/4 cebola em cubos
1/2 colher de chá de sal
1/2 colher de chá de pimenta
2 colher de chá de cominho
1/2 colher de chá de açafrão
1/2 xícara de leite de coco
200g de tomates em cubos
3/4 xícara caldo de frango

Modo de preparo:

Primeiro, aqueça o óleo de coco na frigideira em temperatura média, até derreter. Então, aumente a temperatura para o alto, e doure a carne de porco em todos os lados, tempero com sal e pimento enquanto cozinha. Isso deve levar 3 minutos em cada lado.

Depois, adicione a cebola, alho, curry, gengibre, açafrão e o cominho na frigideira, e reduza a temperaturapara a baixa. Cozinhe assim por 6 minutos, ou até as cebolas estiverem brancas. Então, despeje a mistura na panela elétrica.

Adicione os tomates, leite de coco, e o caldo de frango na panela elétrica e mexa bem.

Cubra a panela elétrica e cozinhe a carne de porco por 4 horas na temperatura alta, ou por 6 horas. Depois, passe a colher por cima para remover qualquer gordura.

Sirva o porco quente, e aproveite.

Frango Verde Mexicano

Receita rende 2 porções.
Tempo de preparo: 4 horas e 30 minutos

Ingredientes:
450g de coxa de frango, sem osso e sem pele
1 colher de chá de cominho
1 colher de chá de sal marinho
1 Tomatillo, em cubos e sem casca
55g de pimenta chili verde em cubos
1/2 colher de chá de pimenta preta
1 alho em cubos
1/2 colher de chá de coentro moído

Modo de preparo:

Primeiro, coloque a coxa de frango no fundo da panela elétrica, e tempere com coentro, sal, cominho, e pimento preta. Espalhe bem a coxa de frango pelos temperos.

Depois, adicione os Tomatillo, pimenta verde, cebola, e o alho. Cubra a panela elétrica e cozinhe na temperatura baixa por 4 horas e 30 minutos.

Por último, remova a tampa da panela elétrica e desfie o frango usando dois garfos.

Sirva o frango ver quente, e aproveite.

Frango Amanteigado

Receita rende 2 porções.
Tempo de preparo: 5 horas

Ingredientes:
2 dentes de alho

1/2 colher de sopa óleo de coco
1/2 cebola em cubos
1/2 xícara estrato de tomate
1 xícara leite de coco
1/4 colher de chá de gengibre em pó
1/2 colher de chá de curry em pó
1 colher de chá de garammasala
1 colher de sopa farinha de tapioca
1/4 colher de chá de pimenta em pó
1/2 colher de chá de sal marinho
1/2 colher de chá de pimenta preta
450g de peito de frango, cortado em pequenos pedaços

Modo de preparo:
Primeiro, aqueça o óleo de coco na frigideira no fogo médio alto. Depois que derreter, adicione o alho e cebola, e cozinhe por 3 minutos, até que a cebola fique clara.

Depois, adicione o estrato de tomate, farinha de tapioca, leite de coco, garammasala, curry em pó, chili em pó, e o gengibre em pó. Mexa bem, até começar a engrossar. Nesse ponto, coloque sal e pimenta.

Adicione o frango na panela elétrica, e por cima do frango coloque o tempero. Mexa bem. Depois, cubra o frango e cozinhe na temperatura baixa por 5 horas.

Sirva o frango quente, e aproveite.

Cury de Frango

Receita rende 2 porções.
Tempo de preparo: 4 horas

Ingredientes:
450g de coxa de frango sem osso e sem pele, ou peito de frango
1 xícara leite de coco
1 colher de sopa de pasta de cury verde

Modo de preparo:
Adicione a pasta de cury, leite de coco, e o frango na panela elétrica, e mexa bem cobrindo o frango.

Cozinhe o frango em temperatura baixa por 4 horas.

Por último, use dois garfos para desfiar o frango e remova o frango da panela usando uma escumadeira.

Sirva o frango quente, e aproveite.

Frango com Limão e Tomilho

Receita rende 2 porções.
Tempo de preparo: 6 horas

Ingredientes:
450g de peito de frango
2 ramos de tomilho fresco
1 colher de sopa de suco de limão
2 folhas de louro
3 dentes de alho inteiro e sem casca
1/2 colher de chá de sal marinho
1/2 colher de chá de pimenta preta

Modo de preparo:

Primeiro, coloque o frango na panela elétrica.

Coloque os outros ingredientes por cima do peito de frango, incluindo o tomilho, sal e pimenta, folhas de louro, e o suco de limão. Coloque o alho envolta do frango, sem cortar.

Cubra a panela elétrica e cozinhe o frango na temperatura baixa por 6. Depois desfie o frango bem, e sirva ele quente.

Churrasco de Frango com Toque de Pêssego

Receita rende 2 porções.
Tempo de preparo: 5 horas

Ingredientes:
340g de peito de frango, sem osso e sem pele
2 tâmaras costadas sem caroço
1 colher de sopa de ghee

1/2 xícara de água fervendo
2 dentes de alho
1/4 xícara de cebola picada
1/8 xícara de vinagre de maçã
1 pêssego sem pele e cortado em cubos
170g de molho de tomate
1/2 colher de sopa de chili em pó
1/2 colher de chá de páprica, defumada
1/3 xícara molho shoyu coco aminos
1/2 colher de chá de cominho
1/2 colher de chá de cravo moído
1/2 colher de chá de sal marinho
1/2 colher de chá de pimenta preta

Modo de preparo:
Primeiro, faça o molho barbecue de pêssego e deixe pronto para o restante da receita.

Coloque a tâmara no processador de alimentos, e despeje a agua sobre a tâmara. Deixe essa mistura de lado por 5 minutos. Isso fará que a tâmara fique macias na água antes de bater.

Depois, derreta o ghee na frigideira em fogo médio. Doure a cebola no ghee por 6 minutos, ou até que ela fique macias e transparente. Adicione o alho, e cozinhe por 25 segundos. Isso trará o cheiro dele.

Em seguida, coloque a mistura de cebola e alho por cima da tâmara no processador ou liquidificador. Adicione o molho de tomate, pêssegos, vinagre de maçã, páprica, cominho, chili em pó, e o cravo. Bata a mistura, até que fique suave, e tempera usando sal e pimenta.

Depois, adicione o frango no fundo da panela elétrica. Coloque a mistura barbecue que fizemos antes sobre o frango, e espalhe até que o frango fique encharcado.

Cubra a panela elétrica, e cozinhe na temperatura baixa por 5 horas. O frango deve ficar totalmente cozido até o centro.

Por último, deixe o frango descansar por 5 minutos depois use dois garfos para desfia-lo. Mergulhe o frango no molho, e sirva quente.

Frango Cozido com Limão e Coentro

Receita rende 2 porções.
Tempo de preparo: 2 horas e 10 minutos

Ingredientes:
540g de coxa de frango
1/4 xícara de coentro picado
1 limão tamanho médio
1 colher de chá de sal marinho
1 colher de chá de pimenta preta
1/2 colher de sopa alho picado

Modo de preparo:
Primeiro, coloque o suco do limão, dentro da panela elétrica. Adicione o coentro, alho, sal e pimenta. Mexa bem, juntando tudo.

Depois, coloque o frango na panela e misture bem, tenha certeza que o frango está encharcado.

Depois, cubra a panela elétrica e cozinhe na temperatura alta por 2h. Lembre-se de não tirar a tampa enquanto o frango cozinha.

Por último, pré-aqueça o forno em 260 graus Celsius. Coloque o papel alumínio na forma e então coloque a coxa de frango nela. Cozinhe por 10 minutos, até que fique dourado, Não esqueça de virar o frango quando ele ficar dourado de um lado.

Sirva o frango com o caldo da panela elétrica, e sirva quente.

Frango Grego

Receita rende 2 porções.
Tempo de preparo: 3 horas e 30 minutos

Ingredientes:
2 Peitos de frango, médio
1 colher de chá de tempero italiano

1/2 colher de chá de sal
1/2 colher de chá de pimenta
1/2 pimentão vermelho em cubos
1 colher de sopa de suco de limão
1/2 cebola em cubos
1 dente de alho
1 colher de sopa alcaparra
1/2 xícara azeitona preta
1/2 xícara manjericão cortado

Modo de preparo:
Primeiro, tempere o frango com sal e pimento, e coloque em uma frigideira, frite em fogo médio/alto por 3 minutos de cada lado. Isso deixará o frango dourado.

Então, coloque o frango na panela elétrica. Adicione a alcaparra, azeitona, cebola, e o pimentão na panela elétrica, ao redor do frango.

Depois, misture junto o limão, tempero italiano, alho e coloque sobre o frango.

Cubra a panela elétrica, e cozinhe na temperatura baixa por 3 horas e 30 minutos. Decore o frango com manjericão, e sirva quente.

Frango com Manga e Batata Doce

Receita rende 2 porções.
Tempo de preparo: 5 horas

Ingredientes:
1/2 manga picada
1/2 xícara de suco de manga
1/2 colher de sopa de gengibre fresco
1/8 xícara leite de coco
1/2 colher de sopa de alho picado
1 batata doce em cubos
225g de peito de frango
1 colher de chá de curry em pó
2 colher de sopa pimenta Habanero
2 colher de chá de molho shoyu coco amino
1/2 colher de chá de sal marinho
1/2 colher de chá de pimenta preta
1 colher de chá de farinha de tapioca
1/2 colher de sopa raspas de coco

Modo de preparo:

Primeiro, mistura o leite de coco, gengibre, pimenta Habanero, alho, sal e o shoyu de coco amino, no fundo da panela elétrica. Coloque a batata doce em pedaços no fundo da panela.

Depois salpique o curry, sal e pimenta no peito de frango, e coloque sobre a batata doce. Cubra a panela elétrica nesse ponto e cozinhe na temperatura baixa por 5 horas, ou até o frango ficar completamente macio e a batata doce mole.

Depois, retire o frango e a batata e deixe de lado.

No outro lado, misture junto a tapioca e o suco de manga. Mexa até ficar um creme suave. Então, coloque a mistura dentro da panela elétrica.

Em seguida, coloque o frango e a batata doce de volta na panela. Cubra a panela e cozinhe na temperatura alta por 1 hora. O molho tem que engrossar enquanto cozinha.

Assim que o molho engrossar, pré-aqueça o forno em 175 graus Celsius. Adicione as raspas de coco na forma, e cozinhe elas por 10 minutos. Elas devem ficar marrom. Cuidado para não queimar elas.

Depois, quando o molho estiver engrossado, divida a batata doce, o frango, e a manga e sirva em cumbucas. Adicione as raspas de coco sobre a manga, e decore com o molho da panela elétrica.

Sirva o frango, manga e batata doce quente, e aproveite.

Frango com Alho e Erva-Cidreira

Receita rende 2 porções.
Tempo de preparo: 4 horas

Ingredientes:

4 Coxas de frango, sem pele
2 dentes de alho
1/2 cale de erva-cidreira
1/2 xícara leite de coco
1 ½ centímetro de gengibre picado
1 colher de sopa molho shoyu coco aminos
1 colher de sopa molho de peixe
1/2 cebola em cubos
1/2 colher de chá de cinco temperos em pó
1/2 colher de chá de sal
1/2 colher de chá de pimenta
1/8 xícara cebolinha picada

Modo de preparo:
Primeiro, adicione o frango, em um pote médio, coloque sal e pimento, e misture bem o tempero no frango.

Depois, adicione o alho, erva-cidreira, gengibre, molho de peixe, leite de coco, cinco temperos em pó, e o molho shoyu coco aminos em um processador ou liquidificador e bata até ficar suave.

Em seguida, coloque essa mistura sobre o frango e misture bem, tenha certeza de temperar bem o frango.

Depois, adicione a cebola no fundo da panela elétrica, e coloque o frango e a marinada por cima da cebola. Cozinhe o frango na temperatura baixa por 4 horas.

Sirva o frango quente, e aproveite.

Peru ao Molho Bolonhesa

Receita rende 2 porções.
Tempo de preparo: 6 horas

Ingredientes:
400g de purê de tomate
1 colher de chá de tempero Italiano
85g de extrato de tomate
1/4 xícara de caldo de frango
226g de peru moído
1/2 colher de chá de pimenta moída
1/2 colher de chá de sal marinho

1 cenoura em cubos
1/2 cebola em cubos
1/2 colher de sopa azeite de oliva

Modo de preparo:
Primeiro, coloque o purê de tomate, tempero italiano, extrato de tomate, caldo de frango, pimento moída, sal marinho, cenoura, cebola, e azeite de oliva dentro da panela elétrica e misture bem.

Então, divida a carne de peru moída em quadrados. Coloque na panela elétrica, e cubra com o molho sem mexer.

Coloque a tampa da panela, e cozinhe na temperatura baixa por 6 horas.

Depois de 6 horas, amasse à Bolonhesa com um espremedor de batata até conseguir a consistência correta.

Sirva quente sobre um macarrão de abobrinha, e aproveite.

Almondega de Peru

Receita rende 2 porções.
Tempo de preparo: 6 horas

Ingredientes:
450g de carne moída de peru
1/4 colher de chá de alho em pó
1/4 colher de chá de cebola em pó
1/4 colher de chá de alecrim
1/4 colher de chá de orégano
1/4 xícara amêndoas em pó
1/2 colher de chá de sal marinho
1/2 ovo batido
400g de tomate amassado
1 dente de alho moído
1/4 cebola em cubo
1 colher de sopa de vinagre de maçã

Modo de preparo:
Primeiro, ligue o seu forno.

Ao lado, misture o orégano, alecrim, cebola em pó, sal, e o alho em pó. Adicione a farinha de amêndoa e misture bem. Adicione a carne na mistura.

Depois, misture junto a carne e o tempero até que fiquem bem misturados. Adicione o ovo batido e continue mexendo.

Forme pequenas bolas de 5cm ou menos. Depois, adicione a almondega na forma e asse por dois minutos. Em seguida, coloque as almondegas na panela elétrica com cuidado para não se queimar.

Adicione o tomate, alho, vinagre de maçã, e a cebola por cima das almondegas, e mexa com cuidado para não desmanchar as almondegas.

Cozinhe na temperatura baixa por 6 horas, e então sirva quente com molho.

Receita Integral de carne na Panela Elétrica para dois

Carne Turca Shawarma

Receita rende 2 porções.
Tempo de preparo: 6 horas

Ingredientes:
450g lombo, fatiado em pequenos pedaços
1/2 cebola em cubos
1/2 colher de chá de alho em pó
1/2 colher de chá de noz-moscada
1/2 colher de chá de cardamomo
1/2 colher de chá de pimenta
1/2 colher de chá de allspice
1/2 colher de sopa água
2 colher de sopa de suco de limão
2 colher de sopa vinagre branco
2 dentes de algo picado

1/8 colher de chá de canela
1/2 salsa picada

Modo de preparo:
Primeiro, coloque o lombo e a cebola no fundo da panela elétrica.

De lado, misture o alho em pó, noz-moscada, cardamomo, allspice, pimento, água, vinagre branco, suco de limão e canela.

Coloque a mistura por cima da carne. Mexa bem e tempere bem a carne.

Coloque a tampa na panela elétrica e cozinhe na temperatura baixa por 6 horas. Depois, mexa bem a carne por uma última vez, e sirva quente.

Strogonoff Alemão

Receita rende 2 porções.
Tempo de preparo: 5 horas e 45 minutos

Ingredientes:
340g de lombo, cortado em pedaços
1/2 cebola em cubos
141g de cogumelos, fatiados
2 dentes de alho
3/4 xícara caldo de carne
1/2 colher de chá de alho em pó
1/2 colher de chá de cebola em pó
1/3 xícara de vinagre de maçã
1/4 xícara creme de coco
1/3 xícara molho shoyu coco aminos
1 colher de sopa amido de araruta
1 colher de sopa água

Modo de preparo:
Primeiro, coloque a carne na panela elétrica. Cubra a carne com cebolas, alho e cogumelo.

De lado, misture junto o caldo de carne, o vinagre de maçã, molho shoyu coco aminos, e o alho e cebola em pó. Coloque essa mistura por cima dos vegetais e a carne, e misture bem.

Depois, coloque a tampa da panela elétrica e cozinhe na temperatura baixa por 5 horas. Nesse ponto, adicione o creme de coco na mistura.

A parte, misture a água e o amido de Araruta em uma bacia pequena. Adicione essa mistura na panela elétrica, lentamente.

Coloque a tampa de volta na panela elétrica e deixe a mistura cozinhar na temperatura baixa por mais 45 minutos. Isso irá permitir que o tempero fique em toda a carne.

Sirva o strogonoff quente, com um fio de molho por cima.

Pimentão Recheado

Receita rende 2 porções.
Tempo de preparo: 5 horas

Ingredientes:

225g de carne moída
2 pimentões, verde, amarelo, ou vermelho
2 dentes de alho
1/4 cabeça de couve-flor, ralada até ficar parecendo um arroz
1/2 cebola em cubos
115g de molho de tomate
1 colher de chá de orégano seco
1 colher de chá de tomilho seco
1 colher de chá de manjericão seco

Modo de preparo:
Primeiro, corte a tampa do pimentão e retire as sementes. Guarde as tampas.

Depois, coloque o couve-flor ralado em uma bacia media. Adicione o manjericão, tomilho, orégano, e o alho, e misture bem, usando o seu mixer.

Então, coloque a frigideira no fogo alto e doure a carne e a cebola por 5 minutos, retirando o caldo de vez em quando.

Em seguida, coloque a carne e o molho de tomate na bacia com a mistura anterior e misture novamente.

Quando estiver quem misturado, coloque a mistura dentro dos pimentos, e coloque eles dentro da panela elétrica. Adicione as suas tampas de volta.

Cozinhe na temperatura baixa por 5 horas, sirva quando os pimentos ficarem macios e a carne cozida por inteiro. Sirva quente e aproveite.

Carne Barbecue

Receita rende 2 porções.
Tempo de preparo: 7 horas

Ingredientes:
340g de carne assada, sem osso e cortada em cubos
1 colher de sopa de azeite de oliva
1/2 colher de sopa de vinagre de maçã
85g de molho de tomate
1/2 cebola em cubos

1/4 xícara água
1/2 colher de chá de orégano, seco
1/2 colher de chá de alho em pó
1/2 colher de chá de páprica defumada
1/2 colher de chá de chili em pó
1/2 colher de chá de sal marinho
1/2 colher de chá de pimenta preta

Modo de preparo:
Primeiro, corte as cebolas e coloque no fundo da panela elétrica.

Adicione o azeite de oliva na frigideira e coloque os pedaços de carne na frigideira em fogo médio, fritando de cada lado por 5 minutos. Não se esqueça de virar.

Coloque a carne na panela elétrica com cebolas.

Depois, mexa junto o molho de tomate, vinagre de maçã, água, orégano, alho em pó, chili em pó, páprica, sal marinho, e a pimenta em uma bacia pequena. Coloque a mistura sobre a carne e cebola, e misture bem.

Depois, coloque a tampa na panela elétrica e cozinhe na temperatura baixa por 7 horas, ou até que a carne fique fácil de desfiar.

Desfie a carne usando dois garfos, e misture bem com o molho. Sirva quente.

Carne Teriyaki

Receita rende 2 porções.
Tempo de preparo: 5 horas

Ingredientes:
340g de carne, cortada em tiras
1 dente de alho
3 tâmara em cubos, sem semente
1/4 colher de chá de caldo de peixe
1/2 colher de chá de gengibre fresco em cubos
1/2 colher de chá de óleo de gergelim
1/2 cebola em cubos
1 colher de sopa de amido de Araruta
1 pimentão vermelho ou verde, em cubos
1/4 xícara molho shoyu coco aminos

Modo de preparo:
Primeiro, coloque o molho shoyu coco aminos, tâmara, gengibre, alho, caldo de peixe, e óleo de gergelim em um liquidificador ou processador de alimento. Bate na velocidade rápida, até que a mistura fique consistente e uniforme.

Depois, adicione a cerne na panela elétrica, e coloque o molho que você misturou no liquidificador por cima dela. Lembre-se de mexer a carne no molho para que ela fique temperada. Coloque a tampa na panela elétrica e cozinhe na temperatura baixa por 5 horas.

Faltando 1 hora para terminar, adicione as cebolas e os pimentões na panela elétrica. Continue cozinhando na temperatura baixa por 1 hora.

Depois, coloque o amido de Araruta na panela elétrica e mexa bem, deixe cozinhar por mais 10 minutos.

Sirva o bife Teriyaki quente e aproveite.

Almondegas Integral

Receita rende 2 porções.
Tempo de preparo: 3 horas 30 minutos

Ingredientes:
450g de carne moída
1 colher de chá de cebola em pó
1/2 ovo
1/8 xícara farinha de amêndoa
1/4 colher de chá de alho em pó
1 colher de chá de sal marinho
1/2 colher de sopa de salsinha, cortada e fresca
1/2 colher de chá de pimenta vermelha moída
1/2 colher de sopa de tempero Italiano

Ingredientes do molho:
395g tomate amassado
225g tomates em cubos
1/4 cebola em cubos
85g molho de tomate

1 colher de sopa alho picado, fresco
1 colher de sopa orégano picado, fresco
1 folha de louro
1/2 colher de chá de sal marinho

Modo de preparo:
Primeiro, mexa junto a farinha de amêndoas, cebola em pó, alho em pó, sal marinho, Tempero italiano, e a pimenta vermelha moída em uma bacia pequena.

Depois, em uma bacia grande, coloque a carne moída. Adicione o ovo na carne moída, enquanto mistura com a farinha de amêndoas gentilmente enquanto incorpora tudo junto, Se você misturar muito a carne ficará dura. Adicione um pouco de salsinha assim que incorporar a mistura e continue mexendo para que fique bem distribuído.

Depois, coloque o papel manteiga na forma, Pré-aqueça sua assadeira na temperatura alta. Divida a carne em 10-12 almondegas e coloque na assadeira por 3 minutos. Isso deixará elas um pouco marrons antes de cozinhar por completo.

Depois, remova as almondegas do forno, e coloque na panela elétrica. Tenha certeza de não colocar a gordura que ficou na assadeira, você não vai querer ela.

Cubra as almondegas com os tomates amassados, tomates em cubos, cebola, molho de tomate, alho, orégano, folha de louro, e um pouco de sal marinho. Mexa bem a mistura nas almondegas, mas cuidado para não quebrar elas.

Em seguida, coloque a tampa na panela, e cozinha na temperatura baixa por 3 horas e meia. A carne tem que ficar completamente cozida.

Sirva quente, ou deixe no freezer por 4 dias para comer depois.

www.ingramcontent.com/pod-product-compliance
Lightning Source LLC
Chambersburg PA
CBHW072006070526
44583CB00015B/1350